信濃毎日新聞 【北信版】 昭和十九年十一月二十六日

おゝ郷土信州が生んだ山櫻隊若鷲よ

百八十萬の感謝捧げん

父の訓「死の責任」を貫く
"絶ゆることなき櫻木"
辞世もゆかし瀧澤光雄一飛曹（埴科）

在りし日の瀧澤一飛曹

身近に厳粛な感激
大坪知事談 われら瀧澤君に續かん

生産陣へ神風 手拭二百万本
特攻隊員の献金で

花嫁を送らう

昭和 19 年 11 月 26 日付『信濃毎日新聞』

村上松次郎・畫

「神鷲征く」

（『航空少年』第 22 巻第 1 号、昭和 20 年 1 月 1 日）

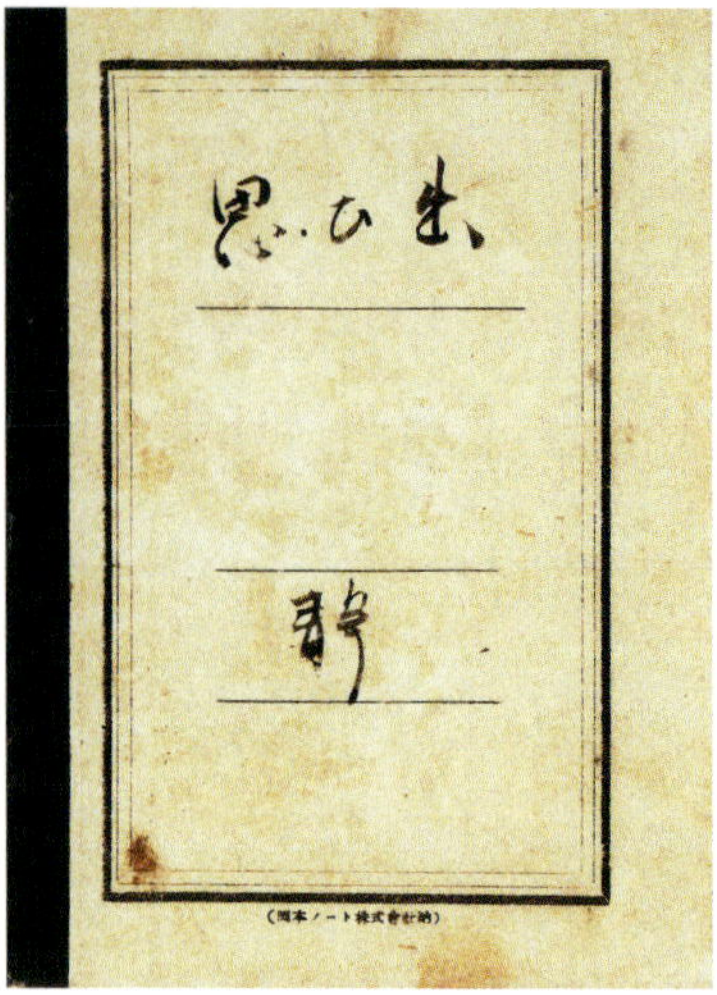

渡辺静（協和村＝現佐久市出身／昭和 20 年 6 月 6 日特攻死）『日記』

森史郎（豊郷村＝現野沢温泉村出身／昭和 20 年 5 月 11 日特攻死）スキー板

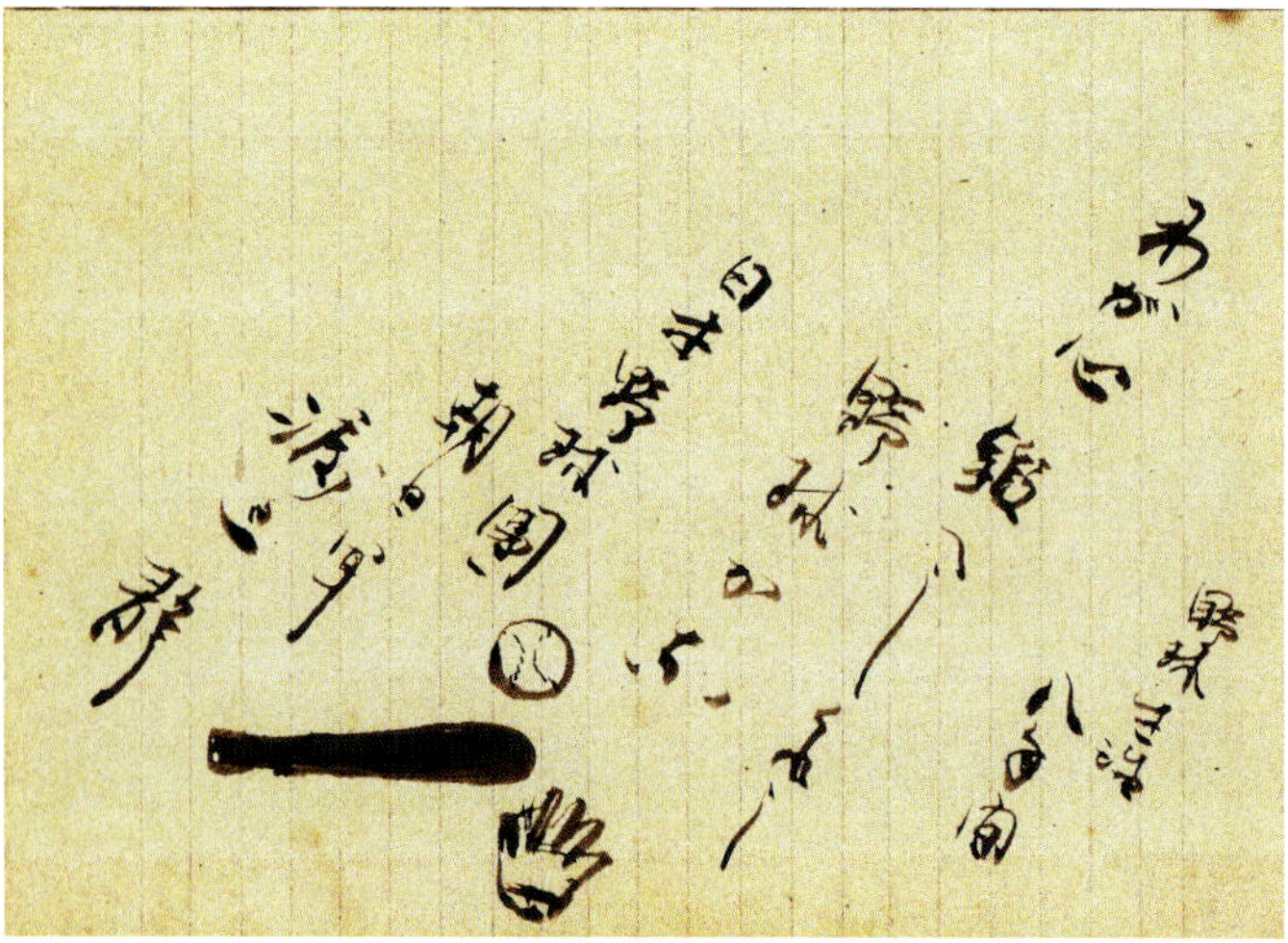

渡辺静『日記』の一ページ

Shinmai Sensho 信毎選書

航空特攻隊 空に散った信州人

伊藤純郎

Ito Junro

目次

特攻隊とは何だったのか 151

目　次

【凡例】

・元号と西暦・皇紀は、適宜併用した。
・人名・地名・歴史用語などの漢字表記は、すべて現行のものに統一した。ただし「主要参考史料・文献」の表記は除く。
・新聞・雑誌・史料などの引用に際しては、読み易さを考慮し、旧漢字を常用漢字に改め、適宜句読点やルビを付した。
・本文にも読み易さを考慮し、適宜ルビを付した。
・満州・内地・外地などの表記はそのまま使用した。
・陸軍飛行場・教導飛行師団、海軍航空隊・基地などの所在地を必要に応じて示した。

航空特攻隊——プロローグ

航空特攻

アジア・太平洋戦争――当時の名称では「大東亜戦争」――開戦から二年半。昭和19年6月のマリアナ沖海戦で連合艦隊が致命的打撃を受け、7月にサイパン島が陥落するなか、大本営は捷《しょう》一号作戦（捷は勝つの意味）を計画し、フィリピンを決戦場と定めた。

フィリピンの航空作戦を担う第一航空艦隊の司令長官に着任した大西瀧治郎《たきじろう》は、劣勢に陥っていた航空兵力を補うため、すでに何度か行われた自発的な体当たりではなく、戦闘機・攻撃機・爆撃機などの航空機に爆弾を搭載し、航空母艦（空母）・戦艦・巡洋艦などの艦船に搭乗員もろとも体当たりする組織的な航空特攻を決断する。

この時期、海軍は人間爆弾と称された特攻兵器「桜花《おうか》」による特攻部隊（神雷部隊《じんらい》）の編成準備をすすめるとともに、魚雷を改造し1550キロの爆弾を搭載して潜水艦から発出する一人乗り人間魚雷「回天《かいてん》」による水中特攻、250キロ爆弾を装備したベニヤ板製の水上特攻艇「震洋《しんよう》」で敵艦に体当たりする水上特攻の訓練を行っていた。

だが、「敵の機動部隊を叩き、空母の甲板を使用不可とする」という方針により、「桜花」「回天」「震洋」による特攻ではなく、かねて陸海軍が構想していた航空特攻を決行する。そして、大西自らが「統率の外道《げどう》」と述べた、隊員に「十死零生《じっしれいせい》」を命じる特別攻撃

隊が編成されるのである

神風《しんぷう》特別攻撃隊

昭和19年10月19日、レイテ沖海戦において、海軍で最初の航空特攻隊となる神風特別攻撃隊――敷島・大和・朝日・山桜隊――が編成された。隊名は、本居宣長の和歌「敷島の大和ごころを人とはば　朝日に匂ふ山桜花」から採られた。翌20日、この4隊と菊水隊――菊水は楠木正成《まさしげ》の紋どころ、七生《しちしょう》報国の決意が隊名に刻まれている――を含めた第一神風特別攻撃隊員25名が指名される。指揮官（敷島隊隊長）に選ばれた海軍兵学校（海兵）出身の関行男大尉を除き全員が、土浦海軍航空隊（現茨城県阿見町）に昭和17年4月に入隊した、海軍飛行予科練習生（予科練）甲種第10期生であった。

予科練は、下士官搭乗員としての基礎的な知識や技能を習得させる制度で、小学校高等科卒業生（現在の中学三年生・15歳）を対象に昭和5年に創設された。適性に応じて航空機を操る操縦、航法や通信を担当する偵察、地上勤務に振り分けられ、操縦訓練は予科練教程後に進む本科の飛行練習生教程（飛練《ひれん》）から開始された。予科練教程では航空機の操縦訓練が日常的に行われるという印象が強いが、航空機への搭乗は教官が同乗して操縦する適性検査飛行の時くらいである。飛練を終えると、各地の練習航空隊で戦闘機・攻撃機・爆撃機・偵察機など実用機の操縦訓練を受けた後、搭乗員として各部隊に配属された。予科練→飛練という課程に合格して初めて、一人前の海軍〝若鷲《わかわし》〟としての道を歩むことができたのである。

日中戦争が始まり航空機搭乗員の増員が必要になると、昭和12年9月、新たに中学校3年または4年修了程度（16、17歳）を対象とする甲種予科練が制定され、従来の予科練は乙種とされた。基礎教育期間を一年短縮し、短期間で予科練教程を修了させて飛練に進ませ、速やかに搭乗員を養成する方針が採られたのである。最初の特攻となった甲種10期生（甲飛10）はこれに該当する。

10月25日、30キロの爆弾を両翼に携行するよう設計製造されていた零戦《れいせん》（零式艦上戦闘機、通称〝ゼロ戦〟、昭和15年＝神武《じんむ》天皇の即位を元年とする元号では皇紀二六〇〇年＝に制式採用）に250キロ爆弾を搭載し、関隊長率いる敷島隊5機が4回目の出撃で米航空母艦を撃沈。28日、海軍は「航空母艦一隻撃沈、同一隻炎上撃破、巡洋艦一隻撃沈」の「戦果」を収め、「悠久の大義に殉ず、忠烈万世に燦《さん》たり」と神風特別攻撃隊敷島隊員の「殊勲」を国民に布告。31日、大本営は、「比島《ひとう》（フィリピン）東方海面（レイテ湾を含む）」

図１　内閣情報局から発行された写真週刊誌『写真週報』第 347 号
(昭和 19 年 11 月 15 日)。表紙を飾るのは敷島隊隊長関行男

の敵機動部隊・輸送船団に対する神風特別攻撃隊の「連続必死必中の猛攻」を発表した（図1）。

海軍最初の特攻隊員は、筑波山を仰ぎ、霞ヶ浦で航空機搭乗員としての基礎教育を受けた土浦海軍航空隊予科練出身の20歳にも満たない少年たちであったのだ（『特攻隊の〈故郷〉霞ヶ浦・筑波山・北浦・鹿島灘』）。

その中に、埴科郡南条村（現坂城《さかき》町）出身の滝沢光雄が含まれていた。海軍の若鷲に憧れ、上田中学校（現上田高校）4年修了後、予科練へと進んだ信州の若者は、最初の特攻隊員である第一神風山桜隊員となり、250㌔もの爆弾を搭載して出撃、異国の地で18歳8か月の生涯を終えたのである。

陸軍航空特攻隊――「と号作戦」――

神風特別攻撃隊が初出撃した10月21日、陸軍でも最初の航空特攻隊が編成された。陸軍は航空特攻を、特別攻撃の「と」の頭文字から「と号作戦」と呼んだ。

編成された地は、霞ヶ浦や北浦に近い鉾田《ほこた》教導飛行師団（現茨城県鉾田市）である。鉾田教導飛行師団は、浜松陸軍飛行学校の分校として設置され、昭和15年12月1日に開校した鉾田陸軍飛行学校が、本土防衛のため昭和19年6月に編成替えされたものである。

10月29日、陸軍最初の航空特攻隊は万朶《ばんだ》隊と命名される。隊名は、水戸学者である藤田東湖が「正気《せいき》の歌」のなかで日本精神を称えた「発しては万朶の桜となり」に由来する。隊長は、陸軍航空士官学校（陸士）出身で、昭和18年6月に鉾田陸軍飛行学校教官に着任した岩本益臣《いわもとますみ》。特攻機は、単発機並みの俊敏な運動性能と急降下爆撃能力を兼ね備えた九九式双発軽爆撃機（九九双軽、昭和14〈皇紀二五九九〉年に制式採用）。特攻にあたり九九双軽は、８００キロにも及ぶ爆弾を搭載、爆弾は操縦席から投下することはできず、機首に付けられた起爆装置である３メートルほどの細い管（３本）が敵艦に触れると爆弾が炸裂する構造に改造された。

万朶隊の搭乗員のうち、将校は岩本隊長と同じ陸士出身者らであったが、下士官の半数は民間操縦士の養成機関である逓信省《ていしん》航空局仙台地方航空機乗員養成所出身者であった。

昭和13年6月、逓信省航空局は陸海軍委託操縦生制度を廃止して、新たに航空局直轄の乗員養成所を仙台と米子（ともに陸軍所管）に開所した。第1期生として採用された操縦生は、中学校3年一学期修了以上の学力を有する満17歳から19歳までの者から選抜され、各20名が入所した。修業期間は8か月で、卒業と同時に二等操縦士・航空士の免許を交付された。さらに軍の飛行隊で6か月実用機の訓練を受け、修了後は予備下士官に任じられた。戦局の拡大とともに乗員養成所は全国で開設され、名称も逓信省航空機乗員養成所と改められた。海軍の予科練教程に相当する操縦生に加え、飛練教程にあたる本科生も新たに採用された。陸軍系の乗員（陸軍は搭乗員を空中勤務者と呼んだ）養成所は、松戸・新潟・印旛《いんば》・古河《こが》など12か所を数えた。

鉾田陸軍飛行学校に配属された仙台地方航空機乗員養成所出身者は、鉾田陸軍教導飛行師団で九九双軽による艦船攻撃の猛訓練のさなか、その任務すら知らされないまま陸軍最初の航空特攻隊員に指名された。

その中に、南安曇《あづみ》郡安曇村（現松本市安曇）出身の奥原英孝が含まれていた。民間航空パイロットを夢見て、昭和17年3月に仙台地方航空機乗員養成所を卒業した信州の若者は、鉾田陸軍飛行学校に配属され、己の意思とは関係なく、二年半後には航空特攻の道を歩むことになったのである。

陸海軍航空特攻

陸海軍合わせ航空特攻は、昭和20年8月15日の終戦まで続いた。

本土最南端の陸軍特攻基地跡の一角に建設された知覧《ちらん》特攻平和会館（鹿児島県南九州市）が公表している「特攻戦死者数集計表」（平成2年3月25日現在）によると、陸軍の航空特攻機・戦死者数は、①「比島方面」２０４機・２８０名、②「沖縄方面」８６８機・１０３６名（第六航空軍６９９名／第八飛行師団２４９名／義烈空挺隊88名）、③「南西方面」66名（機数不明）、④「内地・満州」56名（機数不明）の合計１０７２機・１４３８名である。

これに対し、海軍の航空特攻機・戦死者数は、①「比島方面」３３３機・４２０名、②「サイパン・硫黄島」34機・56名、③「機動部隊との対戦」１４２機・３９７名、④「天一号作戦（沖縄）」８６３機・１５８４名（九州方面からの出撃１４５０名／台湾・沖縄からの出撃１３４名）、⑤「本土来襲機動部隊攻撃」34機・67名の合計１４０６機・２５２４名を数える。

陸海軍の航空特攻機数（１０７２機／１４０６機）に対し、海軍の航空特攻戦死者数が多い（１４３８名／２５２４名）のは、広大な海上の敵機動部隊攻撃に際して必要となる、航空機の位置を正確な航法で把握・哨戒する偵察員や、無線電信・射手を担当する電信員など通常の攻撃時に近い人員が特攻機に搭乗したことによる。

海軍特攻では、一人乗り（単座機）の零戦の他に、偵察員や電信員が搭乗する二人乗り（複座機）・三人乗り（三座機）の艦上爆撃機（艦爆）、艦上攻撃機（艦攻）、陸上爆撃機（陸爆）、さらに人間爆弾の桜花を胴体下に懸架した一式陸上攻撃機（一式陸攻、昭和16〈皇紀二六〇一〉年に制式採用）も出撃した。なかでも一式陸攻には、指揮官（機長）をはじめ、操縦士・副操縦士・搭乗整備員・射爆士・主偵察員・副偵察員の7名が搭乗した。この結果、海軍特攻戦死者数は、陸軍の約二倍にも及んでいる。

「特攻戦死者数集計表」から、陸海軍あわせ3962名（2478機）が特攻死したことがわかる。神風特別攻撃隊の初出撃から終戦までの全日数は299日であるから、一日平均13・3名の若者が航空特攻で戦死したことになる。

信州の航空特攻隊

では、このなかで、長野県出身の航空特攻戦死者はどのくらいいたのだろうか。

知覧特攻平和会館展示データでは、沖縄戦における長野県出身の陸軍航空特攻戦死者は30名で、東京（86名）、愛知・福岡（43名）、鹿児島（40名）、北海道・大阪（35名）、神奈川（31名）についで8番目に多い。

一方、かつて鹿屋《かのや》海軍航空隊が置かれ、現在は海上自衛隊鹿屋航空基地がある地に開館している鹿屋航空基地史料館（鹿児島県鹿屋市）の展示データ「海軍出身者都道府県別特攻戦没者数一覧表（全2526名、知覧特攻平和会館のデータとは異なる）」によると、長野県は84名である。この数は、福岡（180名）、東京（168名）、愛知（94名）、広島（91名）、鹿児島（90名）、静岡（86名）、山口（85名）についで8番目である。

航空特攻戦死者や都道府県別（本籍地）出身者の正確な人数が現在も不明ななか、安易に比較することは慎むべきではあるが、長野県出身の航空特攻戦死者が陸海軍とも多いのは何故だろうか。

陸軍士官学校（陸士）や海軍兵学校（海兵）、海軍機関学校（海機）など職業軍人の道を歩んだ者、陸軍少年飛行兵・海軍予科練など少年飛行兵を志望した者、在学・修業年限短縮（繰り上げ卒業）や学徒動員により陸海軍に入営・入隊し、陸海軍飛行兵を志願した学徒兵が多かったことに加え、高等学校・大学を経て官僚・学者などの立身出世を希望しながらも、家庭や経済的な事情により学費が安い軍関係学校に進学したことなどが考えられる。

しかし、ここで留意したいことは、彼らは最初から特攻隊員だったのではない、特攻隊員となることを自ら望んだわけでもないということである。

筑波山を仰ぐ霞ヶ浦で予科練教育を受けた滝沢光雄、北浦や鹿島灘を臨む地で厳しい飛行訓練に明け暮れた奥原英孝。二人とも、空への憧れから飛行兵の道を歩んだ若者であるが、航空特攻そのものを志願したのではない。そして、滝沢や奥原に象徴される信州出身の多くの若者が、組織的で大規模な航空特攻作戦が常態化するなか、言い換えれば、「玉砕」と同様、陸海軍の非人間的な体質が遺憾なく発揮される過程で、航空特攻隊員となり、「散華《さんげ》」という美名のもと尊い命を落としたのである。

本書では、こうした信州出身の航空特攻隊員に焦点をあて、どのような人びとが航空特攻隊員となったのか、航空特攻はどのように報道されたのか、航空特攻は人びとにいかなる影響を与えたのか、航空特攻とは何だったのかについて考えてみたい。

今年は、神風特別攻撃隊や陸軍航空特攻隊が初出撃した昭和19年から80年目にあたる。航空特攻を信州という場から改めて問い直してみたいのである

どのような人びとが航空特攻隊員となったのか

陸軍航空特攻隊

陸軍航空特攻

表1は陸軍航空特攻(「と号攻撃」)における信州出身の戦死者31名(著者調べ)、表2は特攻戦死者の階級・出身別人数と割合・平均年齢をまとめたものである(24―26頁)。最年少は18歳、最年長は27歳。特攻死の地域は、フィリピン方面6名(19・4%)、沖縄方面25名(80・6%)である。特攻戦死者が沖縄方面に集中していることは、沖縄戦において航空特攻が日常化したことを物語る。

特攻戦死者の平均年齢は22・4歳(大正14・1925年生を20歳として計算)で、特攻戦死者が20歳前の少年飛行兵(少飛)と繰り上げ卒業や学徒出陣で入営した学徒が中心である特別操縦見習士官(特操)に集中していることを物語る。

富嶽《ふがく》隊

フィリピン方面の特攻戦死者は、万朶隊、八紘《はっこう》隊、菊水隊、皇華《こうか》隊の6名である。

表中にはないが、陸軍最初の万朶隊とほぼ同じ時期、浜松教導飛行師団で編成された特攻隊に富嶽隊がある。「正気の歌」の「秀でては富士の嶽となり」から命名され、使用した四式重爆撃機・飛龍の垂直尾翼に富士山のマークと稲妻が描かれていた（図2）。四式重爆撃機は、800キロ爆弾を2発搭載、通信器・酸素発生器以外の装備は取り除かれ、機首に3メートルの起爆信管が取り付けられた。操縦者と通信員あるいは機上機関員の2名で出撃した。

富嶽隊の特別任務要員（特攻隊員）26名のなかに、北安曇郡松川村出身の梨子田実（曹長・機関要員）が含まれていた。梨子田は7回目の出撃となった昭和20年1月11日、離陸直後の事故により負傷・入院し終戦を迎えた（『富嶽隊の十八人』）。

八紘隊

八紘隊は、万朶隊・富嶽隊に続く特攻隊で、神風特別攻撃隊の戦果を知った参謀本部が小型機の一式戦闘機・隼《はやぶさ》と九九式襲撃機（九九襲）をもって急遽編成を命じたものである。明野《あけの》（現三重県伊勢市）・常陸（現茨城県ひたちなか市）・鉾田・下志津《しもしづ》（現千葉県四街道市）の各教導飛行師団と第51教育飛行師団、第10飛行師団において編成された。隊名は、

図２ 愛機の垂直尾翼に霊峰富士と雷（稲妻）を描く富嶽隊隊員
（『写真週報』第 349 号、11 月 29 日）

天皇が全世界を一つの家にすることを意味し、海外侵略を正当化するスローガンとなった「八紘一宇」から採られた。11月末までに八紘第1から第12まで編成され、フィリピン戦線に進出・出撃した。

各隊の編成は12機とされたが、下志津教導飛行師団では志願者を絞ることが出来ず、第6隊（石腸《せきちょう》隊と命名）は18機編成となった。信州出身者として、この石腸隊のなかに、二人乗りの九九襲に500キロの爆弾を抱え、搭乗員だけで出撃し特攻死した大井隆夫と増田憲一が含まれている。二人は、新聞で公表された最初の信州陸軍特攻戦死者となった。大井は陸軍士官学校出身（陸士57期）、増田は少尉候補者出身（少尉24期）である。少尉候補者とは、兵士から下士官になり、軍曹・曹長になって試験に合格した者が一年間陸軍士官学校で教育を受け、少尉に任官する制度である。陸軍幼年学校や中学校から士官学校に入学する生徒たちとは異なり、数年から10年近い軍隊経験をもつ者もいた。

また、仙台地方航空機乗員養成所で奥原英孝（万朶隊）の2期先輩となる春日元喜は、鉾田教導飛行師団で編成された八紘第11隊（皇魂《こうこん》隊と命名、12名）の先陣を切って、昭和20年1月6日、二式双発襲撃機（二式複座戦闘機）で出撃、特攻死した。

【備　考】知覧特攻平和会館データ、『特別攻撃隊全史』『特別攻撃隊の記録〈陸軍編〉』より作成。南西方面（第三航空軍）と内地・満州（合計5名）、義烈空挺隊（5名）は省略。出身地の空欄は不明。出身地は記載時点。戦死日は昭和19年11月～昭和20年7月。情報が異なる事例は知覧特攻平和会館データを採用した。

【出身別略称】陸士：陸軍士官学校／幹候：陸軍幹部候補生／少候：陸軍少尉候補生／少飛：陸軍少年飛行兵／特操：陸軍特別操縦見習士官出身／予備下士：予備候補生／下士官操縦・陸軍召集兵（昭は徴兵年次・#は召集操縦教育期）／航空養成：逓信省航空機乗員養成所（仙台・古河）

出身地	出身別	生年	戦死日
安曇	航空養成　仙台　10	大 12	11・25
中佐都	陸士 57　野沢中	大 10	12・5
泉田	少候 24	大 8	12・5
	航空養成　仙台 8	大 10	1・6
	少飛 10	大 13	12・14
		大 8	1・12

出身地	出身別	生年	戦死日
伊那	特操 1　東京物理	大 11	4・8
堀金	幹候 9　東京高等蚕糸	大 11	4・6
飯田	少飛 13	大 13	5・28
松本	少飛 13	大 14	5・20
東春近	予備下士 #93	大 12	5・11
諏訪	特操 2　明治大	大 11	5・6
安曇野	特操 2　慶應義塾大	大 11	5・11
富士見	少飛 15	昭 2	5・25
高森	特操 1　豊島師範	大 12	4・16
南木曾	特操 1　横浜専門	大 12	4・23
小県	特操 2　法政大	大 11	4・13
東御	少飛 15	昭 2	4・16
朝日	少飛 15	大 14	5・26
飯田	少飛 15　下伊那農	大 15	6・6
望月	特操 2　大阪専門	大 12	6・6
小川	特操 2　上田蚕糸	大 12	6・6
	特操 2　早稲田大	大 12	5・28

出身地	出身別	生年	戦死日
上田	航空養成　古河 14　小県蚕糸	大 13	5・13
飯田	少飛 13　竜丘高等小	大 14	5・3
松本	航空養成　古河 11	大 14	4・6
松本	予備下士昭 13	大 7	4・6
阿智	予備下士 #91	大 7	5・3
高森	幹候 9　三重高等農林	大 11	4・18
長野	特操 1　明治大	大 10	5・3
箕輪	予備下士昭 14	大 8	7・19

1. フィリピン方面　6名

氏名	隊名	機種・発進地	階級
奥原英孝	万朶隊	九九双軽・カローカン	伍長
大井隆夫	八紘第 6 石腸隊	九九襲・パコロド	少尉
増田憲一	八紘第 6 石腸隊	九九襲・パコロド	少尉
春日元喜	八紘第 11 皇魂隊	二式複戦・アンヘレス	軍曹
丸山多喜男	菊水隊	一〇〇式重爆・クラーク南	軍曹
斉藤碵二	皇華隊	二式複戦・クラーク	軍曹

2. 沖縄方面

(1) 第六航空軍（昭和 20 年 4 月 1 日～7 月 1 日）　17 名

氏名	隊名	機種・発進地	階級
松沢平一	第 42 振武隊	九七戦・喜界島	少尉
浅川又之	第 43 振武隊	一式戦・知覧	少尉
北村伊那夫	第 45 振武隊快心隊	二式複戦・知覧	伍長
大野昌文	第 50 振武隊山吹隊	一式戦・知覧	伍長
下平正人	第 52 振武隊	一式戦・知覧	軍曹
金子範夫	第 56 振武隊	三式戦・知覧	少尉
上原良司	第 56 振武隊	三式戦・知覧	少尉
小林昭二	第 57 振武隊	四式戦・都城東	伍長
本島桂一	第 69 振武隊	九七戦・知覧	少尉
大野一郎	第 103 振武隊	九九襲・知覧	少尉
北村早苗	第 107 振武隊	九七戦・知覧	少尉
土屋嘉光	第 108 振武隊	九七戦・知覧	伍長
清沢廣	第 110 振武隊血風隊	三式戦・知覧	伍長
北沢丈夫	第 113 振武隊天剣隊	九七戦・知覧	伍長
渡辺静	第 165 振武隊	三式戦・知覧	少尉
和田照次	第 165 振武隊	三式戦・知覧	少尉
倉田道次	第 433 振武隊	二式高練・万世	少尉

(2) 第八飛行師団（昭和 20 年 3 月 26 日～7 月 19 日）　8 名

氏名	隊名	機種・発進地	階級
柄沢甲子夫	誠第 31 飛行隊	九九襲・八塊	軍曹
塚平真	誠第 35 飛行隊	四式戦・台中	伍長
百瀬恒男	誠第 37 飛行隊	九八直協・新田原	伍長
水畑正國	誠第 38 飛行隊	九八直協・新田原	軍曹
原一道	飛行第 17 戦隊	三式戦・花蓮港	曹長
倉沢和孝	飛行第 19 戦隊	三式戦・石垣	少尉
島田治郎	飛行第 20 戦隊	一式戦・竜潭	少尉
笠原卓三	飛行第 204 戦隊	一式戦・花蓮港	軍曹

表 1　陸軍航空特攻隊（「と号攻撃」）戦死者　31 名

陸軍　31名（著者調べ）

<table>
<tr><th></th><th>階級</th><th>人数</th><th>出身</th><th>人数</th><th>割合</th></tr>
<tr><td rowspan="1">将校
45.2%</td><td>少佐
大尉
中尉
少尉
見習士官</td><td>14名</td><td rowspan="2">陸軍士官学校
陸軍少尉候補生
陸軍幹部候補生
特別操縦見習士官</td><td rowspan="2">1名
1名
2名
10名</td><td rowspan="2">（33.3%）</td></tr>
<tr><td>准士官</td><td>准尉</td><td></td></tr>
<tr><td>下士官
54.8%</td><td>曹長
軍曹
伍長</td><td>1名
7名
9名</td><td rowspan="2">陸軍少年飛行兵
航空機乗員養成所
陸軍召集兵
不明</td><td rowspan="2">8名
4名
4名
1名</td><td rowspan="2">（26.7%）</td></tr>
<tr><td>兵</td><td>兵長
上等兵
一等兵
二等兵</td><td></td></tr>
</table>

出身別割合　平均年齢

士官 13.3%	特操 33.3% 22.7歳	少飛 26.7% 19.6歳	その他 13.3%

表2　陸軍航空特別攻撃隊戦死者　階級・出身別人数・割合

振武隊《しんぶ》

信州出身で沖縄方面での陸軍特攻戦死者は、連合艦隊指揮下に入り沖縄方面航空作戦を行った第六航空軍17名と、台湾および南西諸島の航空作戦を担当し、沖縄戦では第六航空軍とともに特攻を敢行した第八飛行師団8名である。

第六航空軍により編成された特攻隊が振武隊である。昭和20年1月29日に第18〜第47振武隊、3月20日には第48〜第116振武隊が編成された。4月以降も編成され、最終的には第463振武隊にまで至った（待機特攻隊として第510振武隊まで編成されたともいう）。

振武隊は、3月26日に発動された沖縄方面航空作戦である「天一号作戦」を受け、4月6日の第一次航空総攻撃（海軍では菊水一号作戦と呼んだ）から、沖縄戦最後の航空総攻撃となった第10次航空総攻撃に参加した。知覧特攻基地（現鹿児島県南九州市）と陸軍最後の飛行場として昭和19年末に薩摩半島西端に建設された万世《ばんせい》陸軍飛行場・特攻基地（現同県南さつま市）を中心に出撃した（図3）。

第八飛行師団の飛行戦隊は、離陸して基地上空を哨戒、その間に特攻機が離陸し上空で合流、誘導機が先導し、特攻機と掩護《えんご》の直掩機が続き、その後方1000〜2000メートル上

図 3　出撃を前に愛機に祈る振武隊員（『写真週報』第 371 号、昭和 20 年 6 月 1 日）

空で間接掩護がつくという任務を担当した。

陸軍少年飛行兵（少飛）

振武隊員を構成したのは、養成コース別にみると、陸軍少年飛行兵（少飛）出身者と、学徒出陣により陸軍に入営後、飛行兵を志願し採用された特別操縦見習士官（特操）出身者、逓信省航空機乗員養成所出身者であった。

少飛は、陸軍少年飛行学校に入校して基礎教育（1年）を受け、卒業時適性に応じて飛行学校（操縦）・整備学校（技術）・通信学校へ進み（2年）、操縦に進んだ者は、教育飛行連隊で戦技教育（4か月）、飛行戦隊で錬成訓練（2か月）を経て、入校後三年半で下士官である伍長に任官した者である。

少飛採用の年齢制限は、義務教育である小学校尋常科（国民学校初等科）卒業の14歳以上17歳未満であるので、18歳の若い伍長が誕生する仕組みであった。徴兵検査を経て陸軍に入営、二等兵から一等兵・上等兵・兵長と階級が上がる一般兵と比べ、20歳前に下士官に任官できる少飛は、少年にとって魅力であったと思われる。

このため少飛を志望する青少年は年々増加し、昭和9年2月に所沢飛行学校で始まった少飛教育は、熊谷陸軍飛行学校→東京陸軍航空学校（現東京都武蔵村山市）という課程を経て、昭和18年4月から東京・大津（滋賀県）両少年飛行兵学校で、翌19年4月には大分少年飛行兵学校を加えた3校で行われるようになった。こうして東京・大津・大分陸軍少年飛行兵学校→操縦は熊谷・宇都宮・大刀洗《たちあらい》（現福岡県筑前町）陸軍飛行学校（知覧は分教場）／整備は所沢・岐阜陸軍航空整備学校／通信は陸軍航空通信学校（現水戸市）→飛行連隊という少飛の教育・養成課程が確立された

知覧特攻平和会館には、沖縄特攻で戦死した1036名の御霊の灯籠が献げられているが、その半数は陸軍少年飛行兵学校出身者である。このうち信州出身の少飛特攻戦死者は、昭和15年4月入校の10期生（1000名・少飛10期）から昭和17年10月入校の15期生（8000名、少飛15期）の8名（曹長・伍長、26・7％）である。最年長21歳、最年少18歳・平均年齢19・6歳で、海軍の甲種予科練とほぼ同じ。最年少は、教育期間を短縮する速成教育を受けた15期生の土屋嘉光（18歳、現東御市出身）で、東京少年飛行兵学校入校の二年半後には特攻死したことになる。

陸軍特別操縦見習士官（特操）

これに対し、陸軍特別操縦見習士官（特操）は、繰り上げ卒業や学徒出陣で陸軍に入営した学徒を短期間で士官空中勤務者（学鷲）に養成する制度である。

昭和18年9月、政府は学生に対する徴兵猶予を停止（大学院・医理工系は除く）すると発表、翌10月には徴兵適齢に達している学生に臨時徴兵検査を実施、合格者は12月に陸海軍に入営・入隊させると発表した。徴兵検査はその年の12月までに満20歳に達する者を対象に4月頃実施していたから、昭和18年に徴兵猶予の適用を受けていた学生は大正12年12月以前に生まれた者であった。当時の学校制度でみると、順調に進学していれば、この9月に予科または高校を半年繰り上げで卒業、10月に大学に入学した者であった。中学卒業後に浪人し、まだ予科・高校・専門学校に在学中の者もいた。

徴兵適齢に達していた大学生・専門学校生・高校生は、10月から11月初めに本籍地で徴兵検査を受け、第二乙種以上で合格すると、陸軍か海軍か希望を聞かれる。当時は海軍に人気があり、海軍志望者が続くので徴兵官が怒り出し、海軍を志望しますといえない雰囲気になった会場もあったという。

特操は、入営と同時に見習士官として曹長の階級を与えられ、練習航空隊（地上準備・基本操縦教育）→教育飛行隊（基本戦技教育）→錬成飛行隊をへて実戦部隊に配属、一年半で少尉に任官した。操縦教育期間は士官候補生（3年）や少飛（3年6か月）の半分程度、士官候補生が経験する兵（上等兵）も経験しない。制服を飛行服に替え大空の決戦場を志す学徒兵にとっては、学徒のプライドを刺激した魅力あるコースであったともいえる。

しかし、戦局の悪化と士官空中勤務者の補充により、当初計画していた操縦教育体系は大幅に変更される。繰り上げ卒業組（実質的な学徒出陣）を対象に昭和18年7月から募集、10月に採用となった1期生（特操1期）約1200名は、募集時に予定されていた仙台陸軍飛行学校における1年6か月の訓練期間が大幅に短縮され、入隊後は各地の教育飛行隊での訓練わずか一年にして実戦部隊に配属された。

豊島師範（現東京学芸大学）を繰り上げ卒業した本島桂一（現下伊那郡高森町出身）は、昭和18年10月、特操1期生として大刀洗陸軍飛行学校大邱《テグ》教育隊に入校（6か月）、翌年3月、北支太原《たいげん》の第18教育飛行隊実施部隊（4か月）を経て、少尉に任官、8月1日に明野飛行部隊付に配属された。そして、翌20年3月に明野飛行師団で編成された第69振武隊員として、4月16日、知覧特攻基地より出撃した。本来ならば訓練の期間中に特攻死したのである。

昭和19年2月に入隊した学徒出陣組の特操2期生（1800名）も、入隊後一年二か月で実戦部隊へ配属となった。安曇野出身の上原良司は、慶應義塾大学から昭和18年12月に松本の東部50部隊に入営、2月志願して特操2期に採用され、地上準備教育→基本操縦教育→分科基本操縦教育→錬成教育を経て少尉に任官、昭和20年4月常陸教導飛行師団に配属。そして、常陸教導飛行師団で編成された第56振武隊で5月11日に特攻装備の三式戦闘機で出撃、入営後二年六か月、特操採用後二年三か月で特攻死した。

続く6月に採用・入隊した特操3期生は、燃料の関係で占領地に配置された練習航空隊における教育中に外地で終戦を迎える者が多かった。学徒兵の特攻戦死者が特操1・2期生に集中したのは、こうした経緯による。

義烈《ぎれつ》空挺隊

沖縄戦での特攻死では、表1に掲載した第六航空軍第八飛行師団に加え、義烈空挺隊戦死者を含めることが多い。空挺は空中挺進の略語で、空挺隊とは輸送機、軍用グライダー、パラシュートを使用して敵飛行場に強制着陸・降下して敵航空機と飛行場施設を破壊することを目的とした部隊である。

義烈空挺隊は、沖縄の米軍北（読谷《よみたん》）・中（嘉手納《かでな》）飛行場に強行着陸し、航空機と飛行場施設の破壊を目的とした特攻隊である。昭和20年5月24日、九七式重爆撃機（九七爆戦、昭和12〈皇紀二五九七〉年制式採用）12機に分乗した隊員120名が、爆撃機を輸送する空中勤務者32名とともに、陸軍健軍飛行場（現熊本市）から出撃した。空挺隊員は、軍服に墨汁などの染料で迷彩し、各種小火器・手榴弾・爆薬などで武装した。しかし、4機は故障・航法未熟で南九州の各地に不時着、残り8機のうち7機が沖縄に到達できず米軍の対空砲火を受けて撃墜された。着陸を果たしたのは1機のみで、胴体着陸して北飛行場の米軍航空機8機を破壊したという。

本書では、義烈空挺隊を表1の陸軍航空特攻戦死者に掲載しなかった。その理由は、義烈空挺隊は、特別に訓練された工兵で空中勤務者ではないこと、空挺特攻であり航空特攻ではないと考えたからである（だが、特攻死には変わりない）。

義烈空挺隊員は、不時着した4機を除き全員（88名、空中勤務者は24名）が戦死した。戦死した信州の義烈空挺隊員には、飯田秀臣（軍曹・安曇野）、諏訪芳雄（伍長・上田）、木内益美（伍長・長野）、関三郎（軍曹・大町）、今村美好（曹長・飯田）の5名がいる。

陸軍の特攻機

表3は、陸軍が特攻機に使用した機種のうち、信州出身者が搭乗したものをまとめたものである。

陸軍航空特攻隊は、基本的に搭乗員（空中勤務者）一人で出撃した。八紘第6石腸隊で使用された九九襲は二人乗りであるが、体当たりに同乗者は不要であると搭乗員だけで出撃、八紘第11皇魂隊の二式複戦（二式複座戦闘機）も襲撃機に改修された。偵察・指揮・連絡・対地攻撃などを任務とした二人乗りの九八直協（九八式直接協同偵察機）も搭乗員だけで出撃している。

例外は、菊水隊で使用された一〇〇式重爆撃機呑竜《どんりゅう》（一〇〇式重爆）である。昭和15年に開発、翌昭和16〈皇紀二六〇一〉年に制式採用され、通例ならば一式重爆撃機と命名されるが、皇紀二六〇〇年を冠して一〇〇式（零式の名称が確定していなかった）と命名された、乗員8名の重武装爆撃機である。戦闘機の護衛が要らない高速重武装爆撃機として設計されたが、敵戦闘機と比べて高速ではなく、爆弾搭載量が少ないなどの点から、部隊での評価は芳しくなかった。12月14日、操縦士・通信士・機関砲手などが搭乗した9機が、掩護戦闘機が1機もつかないまま出撃し、丸山多喜男（少飛10期）はじめ47名が特攻死した。

一方、特攻機のなかで特異な機種が二式高等練習機（二式高練、昭和17〈皇紀二六〇二〉年制式採用）である。陸軍最初の全金属製単葉戦闘機で運動性能に優れた九七式戦闘機（九七戦）のエンジン出力を半減させ搭載した高等練習機であった。第432・433振武隊は、練習機である二式高練を特攻機として万世基地から出撃した。隊員の一人である信州出身（市町村不明）の倉田道次は、上原良司と同じ特操2期生である。練習機での特攻。どのような想いで出撃したのだろうか。

特徴	備考
陸軍初の全金属製単葉戦闘機	型式に年号「皇紀」の数字がつけられた。昭和2年から昭和14年までは皇紀の年数の下二桁、昭和16年以降は下一桁に「式」をつけ、昭和15（皇紀2600）年は「百式」「一〇〇式」とした。一式から固有名称（一般名称）を併用もしくは専用とした。
戦術偵察機	
全金属製中翼単葉機	
軍偵察機にも使用	
高速重武装爆撃機	
零戦に匹敵する運動性能	
本土防空などに用いられた戦闘機	
高等練習機　単座・複座型	
液冷エンジン搭載戦闘機	
戦争末期の主力戦闘機	

神風特別攻撃隊

海軍航空特攻

続いて海軍についてみる。次頁からの表4は長野県出身の神風特別攻撃隊員戦死者84名、表5は特攻戦死者の階級・出身別人数と割合・平均年齢をまとめたものである。

特攻戦死者数は陸軍の約3倍に及んでいる。特攻戦死者の最年少は17歳、最年長は33歳。地域別では、フィリピン方面作戦8名（9・5％）、硫黄島付近に接近してきた敵機動部隊に対しての出撃（「硫黄島方面」）3名（3・6％）、ウルシー環礁内の敵機動部隊に対する挺身攻撃隊（菊水部隊

略称	名称・愛称	定員	速度km	制式採用
九七戦	九七式戦闘機	1	470	1937
九八直協	九八式直接協同偵察機	2	474	1938
九九双軽	九九式双発軽爆撃機	4	502	1940
九九襲	九九式襲撃機	2	443	1940
一〇〇式重爆	一〇〇式重爆撃機　呑竜	8	547	1941
一式戦	一式戦闘機　隼	1	515	1941
二式複戦	二式複座戦闘機　屠竜	2	547	1942
二式高練	二式高等練習機	1～2	340	1942
三式戦	三式戦闘機　飛燕	1	591	1943
四式戦	四式戦闘機　疾風《はやて》	1	502	1944

表3　陸軍航空特攻に使用された機種

【備　考】鹿屋航空基地史料館データ、『特別攻撃隊全史』『神風特別攻撃隊之碑』（善光寺）『特別攻撃隊の記録〈海軍編〉』より作成。出身地（記載時点）・生年の空欄は不明。戦死日は昭和19年10月25日～昭和20年7月29日。情報が異なる事例は鹿屋航空基地史料館データを採用した。

【出身別略称】海兵：海軍兵学校／海機：海軍機関学校／学生・生徒：大学生・大学予科・高専生徒　候補：士官候補生／甲飛：甲種飛行予科練習生　乙飛：乙種飛行予科練習生　乙特飛：乙種特別飛行予科練習生　丙種：丙種飛行予科練習生　丙特飛：丙種特別飛行予科練習生／予備練：予備練習生　愛媛：逓信省愛媛地方航空機乗員養成所出身／操縦練：操縦術練習生／普整練：普通科整備術練習生。

出身地	出身別	生年	戦死日
南条	甲飛 10　上田中	大 15	10・25
小谷	甲飛 10　大町中	大 13	10・29
長野	操縦練	大 6	10・28
塩尻	乙特飛 1	大 15	11・25
松本	甲飛 9　松本二	大 13	11・19
松代	乙特飛 1	昭 2	12・16
佐久	学生 13　武蔵高工	大 12	12・28
阿南下条	乙飛 12　下条実科	大 12	1・6

出身地	出身別	生年	戦死日
長野	海兵 72	大 15	2・21
上田	甲飛 12	大 14	2・21
松代	乙飛 18	昭 3	2・21

出身地	出身別	生年	戦死日
箕輪	乙飛 15　上伊那農業	大 14	3・11
小海	丙飛 10	大 9	3・11
豊科	丙飛 8	大 10	3・19
野沢	甲飛 12　野沢中	昭 2	3・19
東部	海機 47	大 6	3・20
戸隠	操縦練 19	大 1	3・21
小諸	乙飛 4	大 6	3・21
飯田	普整練 46	大 8	3・21
穂高	丙特飛 16	大 13	3・21
東部	乙特飛 3	大 15	3・21

出身地	出身別	生年	戦死日
箕輪	乙飛 3	大 12	3・27

1. フィリピン方面作戦（昭和 19 年 10 月～ 20 年 1 月）8 名

氏名	隊名	機種・発進地	階級
滝沢光雄	第一神風　山桜隊	零戦・ダバオ	一飛曹
野々山尚	第二神風　忠勇隊	彗星・第一ニコルス	一飛曹
松本賢	純忠隊	九九艦爆・セブ	飛曹長
永原茂木	第三神風　吉野隊	零戦・マバラカット西	飛長
原正彦	第 9 聖武隊	零戦・セブ	上飛曹
半田昭穂	増援神風　第 11 金剛隊	零戦・マバラカット	飛長
星野政巳	第 14 金剛隊	零戦・セブ	中尉
串原麟八	第 19 金剛隊	零戦・マバラカット	上飛曹

2. 硫黄島方面作戦（昭和 19 年 11 月～ 20 年 3 月）3 名

氏名	隊名	機種・発進地	階級
飯島晃	第 2 御盾隊	彗星・八丈島　偵察	中尉
清水邦夫		天山・八丈島　偵察	二飛曹
小山良知		電信	二飛曹

3. 敵機動部隊との対戦（昭和 20 年 1 月～ 3 月）10 名

氏名	隊名	機種・発進地	階級
関文武	菊水部隊梓特攻隊	二式大艇・鹿児島	上飛曹
小山弥五郎			一飛曹
宮下万次郎	菊水部隊彗星隊	彗星・第 1 国分　操縦	上飛曹
広沢文夫	菊水部隊銀河隊	銀河・出水　偵察	二飛曹
坂口昌三		銀河・鹿屋　操縦	大尉
荒井等	第 1 神雷攻撃隊	一式陸攻・鹿屋　操縦	中尉
粕谷義蔵		偵察	少尉
原益男		整備	上整曹
胡桃経雄		操縦	一飛曹
早川忠雄		攻撃	飛長

4. 天一号航空決戦（昭和 20 年 3 月～ 8 月）
(1) 九州方面からの出撃　57 名

氏名	隊名	機種・発進地	階級
赤沼今朝幸	第 1 銀河隊	銀河・宮崎　操縦	上飛曹

佐久	海兵 73	大 13	4・6
長野	乙飛 13	大 12	4・6
飯田	甲飛 11	大 15	4・6
三郷	丙飛 12	大 14	4・6
長野	学生 13　大正大	大 11	4・6
豊田	乙特飛 1	大 15	4・6
松本	乙飛 18	大 14	4・6
豊野	丙飛 14	大 14	4・6
中野	海兵 73	大 12	4・6
松本	海兵 72　松本二中	大 13	4・6
長野	海機 51	大 10	4・7
松代	丙飛 15	大 10	4・7
上田	生徒 1　専修大専	大 12	4・6
下諏訪	乙飛 18	大 14	4・6
飯山	丙飛 12	大 12	4・6
長野	学生 14　明治大	大 11	4・6
更埴	乙飛 17	大 15	4・6
飯山	乙飛 17	大 13	4・11
下諏訪	甲飛 12	昭 2	4・7
白馬	甲飛 12　大町中	大 15	4・12
諏訪	丙飛 17	大 11	4・12
北御牧	学生 14　早稲田大	大 12	4・12
望月	乙飛 10	大 10	4・12
塩田	学生 14　立教大	大 9	4・12
喬木	予備練　愛媛 15	大 13	4・14
竜江	海兵 71	大 10	4・14
小布施	学生 13　法政大	大 12	4・14
明科	普整練 58	大 8	4・14
南木曽	甲飛 12		4・14
下諏訪	乙特飛 1	大 15	4・14
原	学生 13　東京三師	大 12	4・14
長野	学生 13　秋田鉱専	大 12	4・16
篠ノ井	乙飛 16	大 14	4・16
駒ケ根	甲飛 12	大 14	4・16

吉岡久雄	菊水部隊天山隊	天山・串良	操縦	中尉
山口武雄			電信	上飛曹
牧島治二			操縦	一飛曹
大倉由人			偵察	二飛曹
若麻績隆	第 1 八幡護皇隊艦攻隊	九七艦攻・串良	操縦	少尉
片桐実			操縦	二飛曹
武田武雄	第 1 正統隊	九九艦爆・第 2 国分	偵察	二飛曹
三井位	第 1 草薙隊	九九艦爆・第 2 国分	操縦	二飛曹
篠原秋男	第 210 部隊彗星隊	彗星・第 1 国分	偵察	中尉
百瀬甚吾	第 3 御盾 601 部隊	彗星・第 1 国分	偵察	中尉
国安昇			偵察	大尉
池田栄吉			偵察	一飛曹
加藤安男	第 1 神剣隊	爆戦・鹿屋		少尉
花水昭二郎				二飛曹
村山周三	第 1 筑波隊	爆戦・鹿屋		二飛曹
久保田博	第 1 七生隊	爆戦・鹿屋		少尉
唐沢高雄	第 3 建武隊	爆戦・鹿屋		一飛曹
宮崎久夫	第 5 建武隊	爆戦・鹿屋		一飛曹
五味多喜男	第 3 御盾 706 部隊	銀河・宮崎	電信	二飛曹
武田竹司	第 3 神雷攻撃隊	一式陸攻・鹿屋	攻撃	二飛曹
木下善一郎			攻撃	二飛曹
渡辺健二郎	第 2 八幡護皇隊艦攻隊	九七艦攻・串良	偵察	少尉
春原宗治	常盤忠華隊	九七艦攻・串良	電信	上飛曹
手塚和夫	第 2 七生隊	爆戦・鹿屋		少尉
富内敬二	第 4 神雷桜花隊	桜花・鹿屋	桜花	一飛曹
澤柳彦士	第 4 神雷攻撃隊	一式陸攻・鹿屋	偵察	大尉
竹内秀雄			偵察	少尉
高橋貞浪			整備	上整曹
林芳市			電信	二飛曹
酒井利男			電信	飛長
清水則定	第 1 昭和隊	爆戦・鹿屋		少尉
宮下良平	第 5 神雷桜花隊	桜花・鹿屋	桜花	中尉
吉池邦夫	神風特別攻撃隊皇花隊	九七艦攻・串良	操縦	上飛曹
北沢誠治	第 3 八幡護皇隊艦攻隊	九七艦攻・串良	電信	二飛曹

飯田	乙特飛 1	大 14	4・16
篠ノ井	乙飛 18	大 15	4・16
茅野	乙飛 18	大 15	4・16
喬木	乙特飛 1	大 15	4・16
川上	学生 13　長野師範	大 10	4・16
喬木	乙特飛 1	大 15	4・29
飯田	学生 14　東京帝大	大 11	4・28
立科	乙飛 17	大 14	5・4
川西	生徒 1　大東文化大予科	大 11	5・4
北御牧	甲飛 12	大 14	5・4
塩尻	乙飛 18	大 14	5・4
下高井甲穂	学生 14　東京帝大	大 10	5・4
穂高	乙特飛 1	大 15	5・11
野沢温泉	学生 14　明治大	大 12	5・11
松本	甲飛 8	大 11	5・25
立科	乙飛 17	大 13	5・25
岡谷	学生 13　立命館大	大 12	5・25
松本入山辺	丙飛 7	大 9	5・24
諏訪木沢	乙特飛 1	大 15	5・27
飯田	学生 13　青山学院大	大 10	6・3
諏訪	乙飛 18	大 15	6・21
小諸	乙特飛 1	大 15	6・21

出身地	出身別	生年	戦死日
松本	海兵 72	大 12	4・1
小布施	甲飛 8	大 12	4・6
上田	海兵 72	大 13	5・4
上久堅	乙特飛 1	大 15	5・4
	甲飛 12		7・29
飯田	甲飛 12　下伊那農業	大 15	7・29

棚田茂見	第 2 菊水彗星隊	彗星・第 1 国分	操縦	飛長
久保督男	第 3 八幡護皇隊艦爆隊	九九艦爆・第 2 国分		二飛曹
名和貞二			偵察	二飛曹
新井春男	第 7 建武隊	爆戦・鹿屋		二飛曹
由井勲	第 3 筑波隊	爆戦・鹿屋		少尉
北沢昇	第 9 建武隊	爆戦・鹿屋		二飛曹
井上静夫	琴平水心隊	零水偵・指宿		少尉
内藤卯吉	第 7 神雷桜花隊	桜花・鹿屋	桜花	上飛曹
白鳥鈴雄	白鷺揚武隊	九七艦攻・串良	偵察	候補
小山久維	八幡振武隊	九七艦攻・串良	電信	一飛曹
保科三郎	第 5 神剣隊	爆戦・鹿屋		一飛曹
田中敬治	琴平水心隊	九四水偵・指宿	偵察	少尉
下里東	第 10 建武隊	爆戦・鹿屋		一飛曹
森史郎	第 5 筑波隊	爆戦・鹿屋		少尉
登玉道郎	第 9 神雷攻撃隊	一式陸攻・鹿屋	操縦	上飛曹
山浦甲子郎			電信	上飛曹
小口博造	第 10 銀河隊	銀河・宮崎・美保	偵察	中尉
高野利雄	徳島第 1 白菊隊	白菊・串良	操縦	上飛曹
帯川文男	徳島第 2 白菊隊	白菊・串良	操縦	二飛曹
関島進	第 4 正統隊	九九艦爆・第 2 国分	偵察	中尉
有賀康男	菊水第 2 白菊隊	白菊・鹿屋	偵察	一飛曹
掛川諒二			偵察	二飛曹

(2) 台湾、沖縄方面からの出撃　6 名

氏名	隊名	機種・発進地		階級
床尾勝彦	忠誠隊（第 1 次）	彗星・新竹		中尉
丸山保仁	勇武隊	銀河・台南	偵察	上飛曹
細川孜	第 17 大義隊	爆戦・零戦・宜蘭		中尉
近藤親登				二飛曹
近藤清忠	第 3 竜虎隊	九三中練・宮古		一飛曹
原優				一飛曹

表 4　神風特別攻撃隊員戦死者 84 名

海軍　84名

階級		人数	出身	人数	割合
将校	少佐		海軍兵学校	7名	
	大尉	3名	海軍機関学校	2名	
	中尉	11名	予備学生・生徒	16名	(19.0%)
	少尉	12名			
	少尉候補生	1名	操縦術練習生	2名	
32.1%					
准士官	飛行兵曹長(飛曹長)	1名	予科練	41名	(48.8%)
1.2%			甲種	15名	(17.9%)
下士官	上等飛行兵曹(上飛曹)	15名	乙種	18名	(21.4%)
	一等飛行兵曹(一飛曹)	15名	丙種	8名	(9.5%)
	二等飛行兵曹(二飛曹)	21名	予科練(特)	13名	(15.4%)
60.7%			整備科練習生	2名	
兵	飛行兵長(飛長)	5名	航空乗員養成	1名	
	上等飛行兵(上飛)				
	一等飛行兵(一飛)				
	二等飛行兵(二飛)				
6.0%					

出身別割合	平均年齢	生年不明２名
海兵機　10.7% 操縦練　2.4%	学徒兵 19.0% 22.8 歳	予科練 64.3 %　その他 3.6% 甲種 19.6 歳　乙種 20.6 歳 丙種 22.9 歳　(特) 19.2 歳

表５　海軍航空特別攻撃隊戦死者　階級・出身別人数・割合

梓特攻隊)・九州四国沖の敵機動部隊攻撃の菊水部隊彗星隊・銀河隊と神雷部隊による「敵機動部隊との対戦」10名(11・9%)と、沖縄戦(「天一号航空決戦」)63名(75%)である。陸軍と同様、沖縄戦の特攻戦死者が大半を占めており、沖縄戦の熾烈さを物語る。

特攻戦死者の平均年齢は、陸軍より若干高い24・0歳。特攻戦死者に比較的年齢が高い操縦術・整備科練習生や予科練(特)出身者が含まれていることが要因と思われる。

金剛隊

第一航空艦隊で編成された敷島・大和・朝日・山桜隊と菊水・若桜・葉桜・初桜・彗星隊からなる第一神風特別攻撃隊(9隊)に続き、第二神風特別攻撃隊から第五神風特別攻撃隊まで34の特攻隊が編成され続々と出撃した。まるで通常の作戦のように、若者の命を代償とした航空特攻が続けられたのである。

表4の1にある金剛隊とは、こうした神風特別攻撃隊の戦力不足を補う(増援神風)ための特攻隊である。大村(現佐世保市)・元山《ウォンサン》(北朝鮮)・筑波(現笠間市)・谷田部(現つくば市)・台南・高雄の各航空練習隊の教官(士官)・教員(下士官)で編成され、フィリピンに進出後、金剛隊と命名された。12月11日から順次出撃。出撃機が増加したため、

図4　出撃直前の金剛隊（『写真週報』第356号、昭和20年1月24日）

隊名はそのままに各隊に一貫した通し番号が付けられた。第30金剛隊まで編成されたが、翌昭和20年1月25日の第27金剛隊の突入を最後に、フィリピン方面の航空特攻は終了した(図4)。

予科練

神風特別攻撃隊の戦死者は、養成コース別にみると、滝沢光雄に代表される予科練出身者と、陸軍の特操に相当する海軍飛行予備学生・生徒に集中した。

この時期の予科練は、従来の甲種(中学3年修了程度)・乙種に加え、海軍現役兵から選抜された丙種(昭和15年10月、操縦練習生制度の後身)、乙種の中から年長者を中心に一定の条件を満たした者を採用した特乙種(昭和18年4月)、台湾・朝鮮半島出身者の一般志願兵から選抜した特丙種(昭和18年12月)の5種類に及んだ。

こうした拡充により予科練生の教育は、「予科練揺籃の地」とされる土浦海軍航空隊に加え、岩国(昭和16年11月)、三重(昭和17年4月)、鹿児島・松山・美保(昭和18年)の各航空隊で行われ、終戦までに19隊を数えた。

信州出身の予科練特攻戦死者は54名を数え、海軍における特攻戦死者の64・3%を占めている。なかでも、主流である甲・乙種の特攻戦死者は33名・39・3％にのぼる。平均年齢は甲種19・6歳、乙種20・6歳で、最年少は乙種18期の小山良知（松代出身・17歳）、土浦海軍航空隊入隊後二年九か月後の出撃であった。

各期別では、昭和18年4月入隊の甲種12期（9名）と乙種17期（昭和16年4月、4名）・18期（昭和17年5月、7名）に集中した。全国でみると甲種12期生は、第一次から第三次の計3239名を数え、うち信州出身者は、福岡（312名）、東京（189名）、鹿児島（164名）、熊本（136名）、広島（111名）、静岡（106名）、北海道（98名）につぐ94名（2・9％）である（阿見町予科練平和記念館提供データ）。

予備学生・生徒

海軍予備学生制度は、短期間の錬成教育で予備士官搭乗員を養成するものである。昭和9年に制定（海軍航空予備学生）されたが、第一線の指揮官は海兵・海機出身の飛行学生（士官）でなくてはならないとする少数精鋭の方針が支配的であった海軍では、予備学生を「スペア」とか「テンプラ」（すぐ揚がる）と呼ぶ者さえおり、当初、採用数は限られていた。

大量採用が始まるのは昭和17年以降で、この年だけで9期生から12期生（飛行科予備学生）の約770名を採用した。搭乗員の予想以上の消耗と予科練生の大量採用により、海兵出身の飛行学生だけでは指揮官が不足したからである。

翌昭和18年、山本五十六連合艦隊司令長官の戦死、アリューシャン列島のアッツ島守備隊の全滅（「玉砕」）報道などによりラジオから「海ゆかば」が流れるなか、9月30日に13期生約5200名、12月に予備学生14期（大学出身者）・予備生徒1期（高等学校・大学予科・専門学校出身者）として約3300名が採用された。

繰り上げ卒業組の13期生は、採用と同時に海軍兵籍に編入、少尉候補生（詰め襟の軍服着用）として基礎教程（地上訓練）・練習機教程（飛行訓練）を経て各航空隊に配属、実用機訓練を経て予備学生教程を修了、予備将校として海軍少尉に任官した。

しかし、学徒出陣・徴兵召集の14期生は、13期生が基礎教程の航空隊に入隊したばかりだったので海兵団に入団し、最下級の二等水兵として、ジョンベラと呼ばれるセーラー服での生活を経験させられることとなった。士官要員に兵卒の生活はさせないという海軍教育方針とは異なり、その後の命運を暗示する存在となった。二等水兵としての教育を終えると、予備学生試験合格者（4割は不合格）は、操縦・偵察・要務の各専修に分けられ、操縦・偵察専修者は土浦・三重両海軍航空隊で基礎教育を受けた。

予備学生・生徒の特攻戦死者は、この飛行専修予備学生13期・14期に集中した。彼らは、搭乗員の消耗が激しくなるにつれ、十分な飛行訓練時間を与えられぬまま出撃し、入隊から一年半後に特攻死したのである。

筑波隊

出撃した航空特攻隊には、隊名が付けられた。海軍の第一神風特別攻撃隊9隊は、最初に編成された敷島・大和・朝日・山桜と、その後の菊水・若桜・彗星・初桜・葉桜。陸軍の万朶隊・富嶽隊、それに続いて編成された八紘12隊は、八紘・一宇・靖国・護国・鉄心・石腸・丹心・勤皇・一誠・殉義・皇魂・進襲隊である。

隊名には、特殊潜航艇甲標的（小型潜水艦）で真珠湾攻撃に出動した古野繁実（中尉）が歌った、「君のため　何か惜しまん　若桜」に代表されるように、ぱっと咲いて潔く散る、日本人の花とされる桜にちなむものが多い。陸軍では「忠烈万世に燦たる」陸軍特攻隊の旗印にふさわしい純忠・忠勇・誠忠・至誠・義烈、海軍では時宗・聖武・梅花（一の谷の合戦で梅の一枝を箙《えびら》に挿して戦った梶原景時の故事にちなむ）・左近・彗星などが採用されている。

このように美しい隊名であるが、彼らがどこで訓練を受け、特攻隊がどこで編成されたのかを、隊名からうかがい知ることは出来ない。

しかし、特攻隊のなかで唯一、母隊である航空隊名を冠した特攻隊がある。筑波山を仰ぎ見る筑波海軍航空隊（筑波空）で編成された神風特別攻撃隊筑波隊である。

筑波空は、霞ヶ浦海軍航空隊友部《ともべ》分遣隊を改編し昭和13年12月15日に開隊した、陸上操縦教育を担当する練習航空隊であった。昭和19年3月、飛行機隊（陸上練習機）を築城《ついき》航空隊（現福岡県築上町）に移し、大分航空隊の戦闘機隊を受け入れ、戦闘機の実用機練習教育を担当するようになった。11月には、のちに金剛隊と命名される特攻隊の編成命令が下る。第14金剛隊隊長として出撃した星野政巳（現佐久市出身）はその一人である。

昭和20年2月、教育訓練の中止、選抜搭乗員（特攻要員）の訓練実施と特攻編成が下命され、予備学生13期出身教官と訓練中の予備学生14期の志願者から、筑波隊64名（8隊）が編成された。翌3月、海兵出身者や下士官搭乗員も新たに組み込まれて再編成され、総勢84名（13隊）となる。

沖縄戦が始まると、訓練半ばで鹿屋特攻基地に進出。4月6日、菊水隊一号作戦により零戦に250㌔爆弾を抱えた第1筑波隊17名が出撃。以後、第2～第6筑波隊と第1神雷爆戦隊（第7・第8筑波隊）が出撃。村山周三（丙飛12期・飯山市出身）は第1筑波隊、由井勲（予備学生13期・川上村出身）は第3筑波隊、森史郎（予備学生14期・現野沢温泉村出身）は第5筑波隊、として出撃、特攻死した。

筑波隊84名のうち、14期生が48名（特攻戦死者29名）、13期生が29名（24名）、予科練出身者が5名（全員特攻死）、海兵73期出身者が2名（全員特攻死）であった。

練習航空隊の特攻基地化

この時期、筑波空などの練習航空隊では、教育訓練の中止と特攻要員の訓練命令が出されていた。

昭和14年12月1日、霞ヶ浦海軍航空隊谷田部分遣隊を改編して開隊、陸上機の操縦教育を担当した谷田部海軍航空隊（谷田部空）は、昭和19年12月、神之池《ごうのいけ》海軍航空隊（現茨城県鹿嶋市）から戦闘機の実用機教程を受け入れ、特攻要員の錬成に従事することになる。昭和20年3月から「鬼の筑波、地獄の谷田部」と呼ばれた厳しい訓練を行った。訓練を受けた特攻隊は昭和隊と命名され、菊水二号作戦（4月14日）で第1昭和隊11名が第2筑波隊とともに出撃した。諏訪郡原村出身の清水則定（学生13期）はその一人である。

谷田部空と同じ日に霞ヶ浦海軍航空隊百里原分遣隊を改編して開隊、陸上機操縦教育を担当していた百里原《ひゃくりはら》海軍航空隊（現茨城県小美玉市《おみたまし》）でも、昭和20年2月、教育訓練の中止と特攻要員の訓練指令を受けた。4月、特攻攻撃隊の艦攻隊は串良《くしら》基地（現鹿屋市）に、艦爆隊は第1国分基地（現霧島市）に進出し、正統隊（九九艦爆）・常盤忠華隊（九七艦攻）・皇花隊（艦攻）の隊名で出撃した。

沖縄戦では、筑波・谷田部・百里原をはじめ、練習航空隊で訓練を受け編成された多くの特攻隊が、九州各地の特攻基地から出撃した。

海軍の特攻機

神風特別攻撃隊では、海軍の航空機を代表する零戦に、250キロないし500キロの爆弾を抱えて改造した爆装零戦（爆戦）だけでなく、艦上攻撃機・天山、艦上爆撃機・彗星、陸上爆撃機・銀河、九七式艦上攻撃機（九七艦攻）、九九式艦上爆撃機（九九艦爆）などの複座機、三座機が特攻機として使用された（表6）。

海軍でも、飛行艇・水上偵察機・練習機が特攻機として使用された。

特徴	備考
練習機　複葉羽布張り	型式に年号「皇紀」の数字がつけられた。昭和 2 年から昭和 14 年までは皇紀の年数の下二桁、昭和 16 年以降は下一桁に「式」をつけ、昭和 15（皇紀 2600）年は「零式」とした。一式から固有名詞（一般名称）を併用もしくは専用とし、偵察機（雲）・攻撃機（山）・爆撃機（星）・哨戒機（海）・輸送機（空）・練習機（草木）・特攻機（花）の原則で命名した。
複葉羽布張り	
海軍を代表する艦上攻撃機	
急降下爆撃機	
海軍を代表する戦闘機	
水上で発着	
双発中型攻撃機　桜花の母機	
四発大型飛行艇　長距離偵察・誘導・攻撃	
機上作業練習機	
急降下爆撃機	
九七式艦上爆撃機の後継機	
双発高速攻撃機	
人間爆弾	

偵察・哨戒・輸送・連絡などに使用された二式大艇（二式大型飛行艇）は、エンジン4発の大型飛行艇（10〜13人乗り）である。梓特別攻撃隊は、陸上攻撃機・銀河と、この二式大艇で鹿屋基地から約3000キロメートル離れた西カロリン諸島ウルシー環礁の米機動部隊を目指した特攻隊である。長距離飛行が可能で偵察員を擁した二式大艇には、特攻ではなく、敵艦に突入する銀河隊をウルシーまで誘導する役割が課せられた。2機が鹿児

略称	名称・愛称	定員	速度km	制式採用
九三中練	九三式中間陸上練習機　赤とんぼ	2	219	1934
九四水偵	九四式水上偵察機	3	278	1934
九七艦攻	九七式艦上攻撃機	3	380	1937
九九艦爆	九九式艦上爆撃機	2	425	1939
零戦	零式艦上戦闘機	1	560	1940
零水偵	零式水上偵察機	3	376	1940
一式陸攻	一式陸上攻撃機	7	435	1941
二式大艇	二式大型飛行艇	10 ～ 13	467	1942
白菊	機上作業練習機　白菊	5	224	1942
彗星	艦上爆撃機　彗星	2	580	1943
天山	艦上攻撃機　天山	3	481	1943
銀河	陸上爆撃機　銀河	3	555	1944
桜花	特攻兵器　桜花	1	700	1944

表６　海軍航空特攻に使用された機種

島海軍航空隊から出撃、一番機は離水に失敗して出発が遅れ、二番機は鹿屋基地から出撃した銀河隊と合流する前にB26爆撃機との空中戦で撃墜された。関文武（箕輪町出身）と小山弥五郎（小海町出身）を含む搭乗員12名は特攻死と記録されている。

詫間航空隊（香川県）で編成され、指宿《いぶすき》基地（鹿児島）から出撃した琴平水心隊で使用された九四式水上偵察機（九四水偵）と後継機である零式水上偵察機（零式水偵）。

ともに、艦載機としても水上基地からも運用できる三人乗りの偵察機で、偵察に加え船団護衛や対潜哨戒などを任務とした。だが、琴平水心隊では特攻機として使用され、水上機特攻の先駆けとなった。

白菊と「赤とんぼ」

こうした海軍特攻機で最も特異な機種は、白菊（機上作業練習機）と九三中練（九三式中間陸上練習機）であろう。

白菊は、攻撃機や爆撃機に搭乗する偵察員・通信員・機上射手などを養成する練習機で、昭和19年に制式採用された。実用機教程が終わった操縦員が操縦し、教官・教員と練習生が後室に搭乗して航法・通信・射撃の実地訓練をした。練習生が効率よく学べるように、飛行や離着陸の安定性を重視し、胴体は金属製だが主翼は木製合板張りで固定脚であった。だが、速度や運動性、旋回性能（アクロバット飛行は無理）、爆装などの性能は考慮されず、「白菊」という名に象徴されるように、戦闘には不向きな機体であった。

沖縄戦が始まると海軍は、白菊にも500キロ爆弾を抱かせて特攻に使用する方針を固め、白菊を所有する高知・徳島・鈴鹿・大井（静岡）の四航空隊に特攻隊の編成を命じた。このうち第五航空艦隊の指揮下となった高知航空隊の菊水部隊白菊隊と徳島航空隊の徳島白菊隊は、5月24日から約一か月間、それぞれ鹿屋、串良航空基地から250㌔爆弾2発を抱えて出撃を続けた。第五航空艦隊司令長官宇垣纏《うがきまとめ》は、高知・徳島白菊隊第一陣が出撃した翌日の日記に、白菊は「数はあれ共、之に大いなる期待はかけ難し」と記している。徳島白菊隊は五次にわたって夜間出撃を続け、高野利雄（第一次・松本市出身）、帯川文男（第二次・諏訪市出身）をはじめ56名が特攻死した（『特攻この地より』）

一方、九三中練は、昭和9〈皇紀二五九三〉年に制式採用された練習機である。翼やプロペラは木製、機体にモロ布（羽布）が貼られた複葉機（二枚翼）で、前後に操縦席があり（複座）、後部座席に教員が乗り込み、マンツーマンで指導を受けた。制式採用当初はシルバーであったが、練習機であることを表すためにイエロー・オレンジの羽布となり、飛ぶ姿から「赤とんぼ」と呼ばれた（図5）

沖縄戦終結後の昭和20年7月27日、台湾の虎尾《こび》海軍航空基地で特攻命令が下された神風特別攻撃隊第3竜虎隊は、「赤とんぼ」の胴体を特攻仕様の濃緑色に塗りかえ、宜蘭《ぎらん》（台湾）、石垣島、宮古島と移動した。練習機では長距離の移動は不可能だったのである。29日、250㌔爆弾を吊り下げた「赤とんぼ」7機は宮古島の海軍航空基地から出撃、海上

図5　霞ヶ浦上空を飛ぶ「赤とんぼ」。垂直尾翼に記された「カ」は霞ヶ浦海軍航空隊を表す。

すれすれを飛行し、沖縄嘉手納沖で米駆逐艦を撃沈させた。これが神風特別攻撃隊に撃沈された最後の艦船となった。

搭乗員7名のうち6名は予科練出身者であった。この中に信州出身者としては昭和18年4月に土浦海軍航空隊に入隊（甲飛12期）した近藤清忠と原優（飯田市出身）が含まれていた。予科練生にとって「赤とんぼ」は、予科練教程を修了して進む飛練教程において、後部座席の教官からマンツーマンで操縦技術を習得するための練習機である。二年前の秋に初めて操縦した「赤とんぼ」。零戦登場の七年前から使用されていた旧式練習機による特攻。二人はどのような想いで出撃したのだろうか（『君死に給ふことなかれ　神風特攻龍虎隊』）。

少年兵と学徒兵

信州出身の陸海軍合わせせた特攻戦死者は、少飛と予科練生、特操と予備学生に集中した。この四つを合計すると92名に及び、特攻戦死者の80％が、陸海軍の荒鷲・若鷲を志望した少年兵と、入営・入隊して飛行兵を志願した学徒兵が占めている。この数字は、少年兵と学徒兵の犠牲のうえに航空特攻が行われたことを物語る。

なぜ、少年兵と学徒兵に集中したのか。その理由として、陸海軍航空隊の飛行兵になる道が幅広く準備されていたことが指摘できる。図6は、表紙に「お父さん　お母さん　ボクも空へやつて下さい」と書かれた『写真週報』第２８９号（昭和18年9月15日）に掲載された「青少年諸君が空へ行く道はこれだけある」という図である。国民学校初等科・高等科、中学校、大学・専門・高等学校から少年飛行兵学校をはじめとする学校を経由して、陸海軍の荒鷲・若鷲となるルートが準備され、そこへの「いざなひ」が本人の意思に加え、教育現場でも行われた。航空特攻以降、こうしたリクルートはいっそう過熱し加速したの

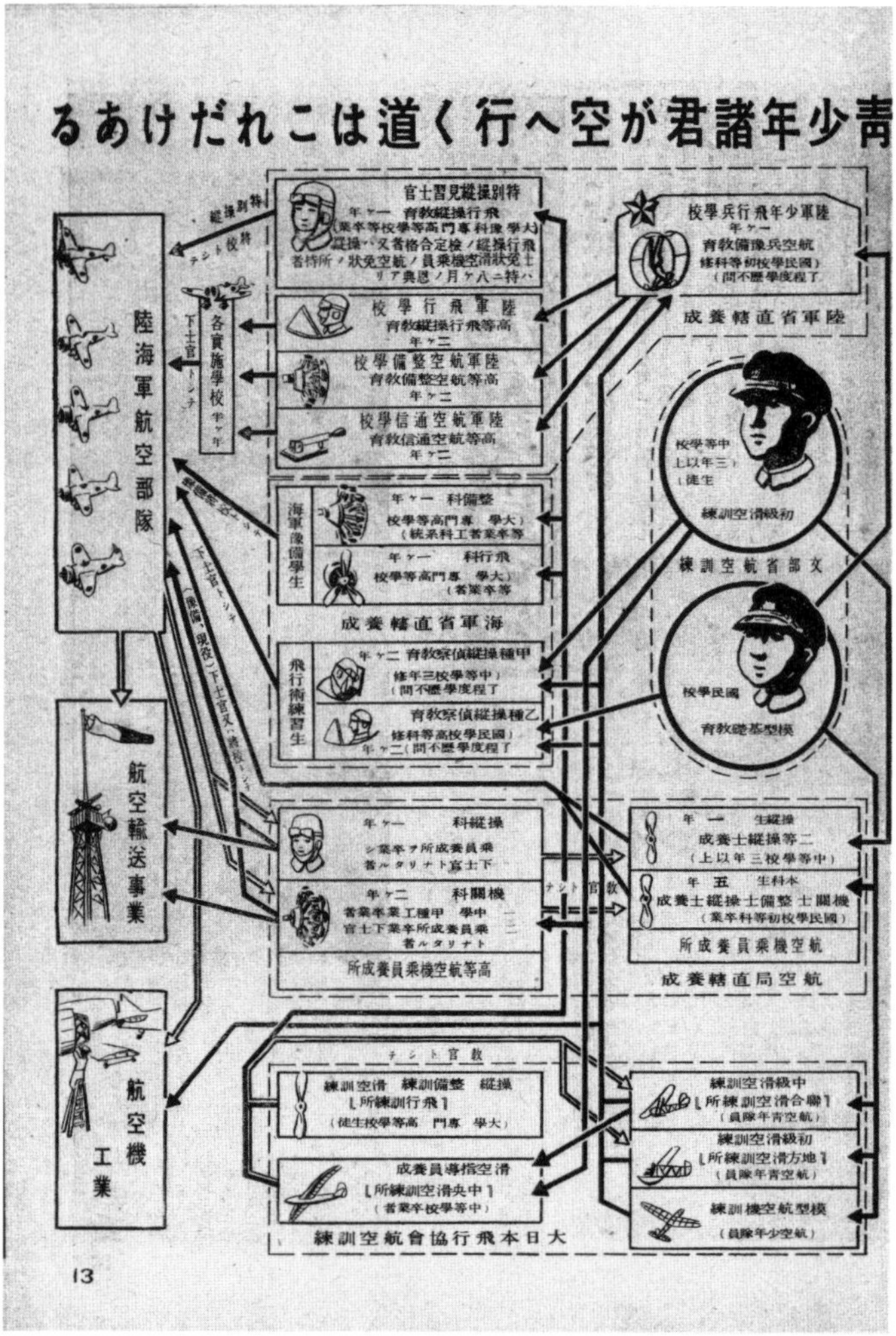

図 6 「青少年諸君が空へ行く道はこれだけある」(『写真週報』第 289 号、昭和 18 年 9 月 15 日)

である。

一方、特攻戦死者の階級別割合（将校・准士官／下士官・兵）は、陸軍45・2％：54・8％、海軍33・3％：66・7％となる。陸海軍ともに下士官だけでなく、将校も特攻死している印象を受ける。だが、特操や予備学生の階級は少尉であったことに留意したい。

そこで、陸士・少尉候補生・幹部候補生（中学校以上の学歴がある者が初年兵として入隊）、海兵・海機出身者らの将校と区別し、特操と予備学生・生徒を准将校とするならば、将校：准将校：下士官・兵の割合は、陸軍は13・3％：33・3％：53・3％、海軍は13・1％：19・0％：69・0％となる。特攻戦死者が、特操・予備学生と少飛・予科練といった准将校・下士官に集中していることが改めて裏付けられる。

また、海兵・海機出身の特攻戦死者の中に大尉・中尉が含まれ、少尉が含まれていないが、その理由は、飛行学生卒業後、実戦部隊に配属されるとすぐに中尉に任官したためと考えられる。特攻が実施された頃、航空機に搭乗できる少尉は一人もいなかったのが実情であり、特攻に少尉を参加させず温存したという指摘はあたらないと思う。

航空特攻はどのように報道されたのか

山桜隊・滝沢光雄

敷島隊

最初に編成された航空特攻隊の一つである敷島隊の「殊勲」が新聞で発表されたのは、昭和19年10月29日である。海軍省が28日午後3時に発表した、敷島隊が「必死必中の体当り攻撃をもつて航空母艦一隻を撃沈」するなどの「戦果」を収め「悠久の大義に殉ず、忠烈万世に燦たり」という「殊勲」を認めるという布告を受けたものであった。

翌29日付新聞各紙は、布告とともに、敷島隊の「殊勲」を大きく報道した。『毎日新聞』は、一面トップに、横見出しで「唯額《ただぬかづ》かん・この忠烈」、縦見出しで「愛機に爆装、体当り、敵艦もろ共轟炸《ごうさく》」「偉勲不滅・全軍に布告」と掲げ、「翼の軍神・敷島五将士」と報じた。

『信濃毎日新聞』もまた一面トップで、「神風特別攻撃隊五勇士に長官布告」「空母に必殺体当り」という見出しを掲げ、連合艦隊司令長官豊田副武《そえむ》布告、「敷島隊員略歴」「必死必中隊の戦闘経過」を詳しく報じた（図7）。

しかし、28日の布告と同じく、新聞各紙で報じられたのは敷島隊の戦果だけであった。敷島隊の他に、大和・朝日・山桜・菊水隊が編成されたことは報じているものの、敷島隊と同時に出撃した諸隊の戦果については何ら触れられなかった。

昭和十九年十月廿九日（日曜日）

信濃毎日新聞

神風特別攻撃隊五勇士に長官布告

空母に必殺體當り

スルアン島沖に三隻を屠る

燦たり・敷島隊の忠烈

海軍省公表

布告

聯合艦隊司令長官　豊田副武

愛機諸共一個の巨彈

必死必中隊の戦闘經過

敷島隊員略歴

敷島、大和、朝日、山櫻、および菊水の五隊編成

社説

供出割當と耕地面積

図7　10月29日付『信濃毎日新聞』

山桜隊

敷島隊以外の諸隊の戦果が公表されたのは、11月13日午後3時である。海軍省は大和・朝日・山桜・菊水隊の戦果と二階級特進を伝える豊田副武連合艦隊司令長官布告を公表した。この布告により、国民に神風特別攻撃隊の存在が広く知られるようになった。

山桜隊で特攻死した滝沢光雄の弟久男は、後年、次のように記している。

大本営よりその戦果の報道があったのは、十一月十三日夜七時のラジオ放送であった。このところ戦況は悪化の一途をたどっていた折、特攻隊の大きな戦果を上げたニュースは大々的に報道された。特攻の勇士十六名の一人一人の名前と出身地が発表され、その中に兄滝沢光雄がいたのだ。突然のことで家族皆半信半疑でいた。近所の方々からも問い合わせがあったりして、その晩はまんじりともせず翌朝を迎えた（中略）。翌十四日の各新聞は、一面トップ記事でその功績を称えていた（『山脈を越えて』）。

久男は「大本営よりその戦果の報道があった」と回想しているが、大本営発表は陸軍の万朶隊だけで、海軍は敷島隊以外の神風特別攻撃隊名を大本営発表という形で国民には公表しなかった。こうした姿勢は、12月7日まで11回にわたって特攻隊員の氏名をその戦果とともに大々的に発表した陸軍とは対照的で、特攻隊員の他にも「命を捧げて戦闘任務に従事していた将校が少なくなかった」ことが理由とされる（『海軍特別攻撃隊』）。

『信濃毎日新聞』は、一面に横見出しで「陸の神鷲特攻隊出撃」「神風隊もレイテ湾を猛攻」と掲げ、紙面右側で「万朶隊・艦船群急襲」「戦艦輸船各一撃沈」「必死必殺　掩護機も体当り」と陸軍最初の特攻隊となる万朶隊を、紙面左側で「第一神風特別攻撃隊山桜隊滝沢光雄」を含む「神風隊三十七勇士」の氏名・部隊名・階級などを報じた（図８）。

神風特別攻撃隊の初出撃の日、待機組となった山桜隊は、翌22日出撃するが天候不良のため帰投。25日、朝日・菊水・敷島・大和・若桜隊とともに出撃した。最初の攻撃は、菊水隊と朝日隊で行われ、これに続いて山桜隊が突入を開始した。

山桜隊一番機は敵戦闘機に撃墜されてしまったが、二番機の滝沢は、密雲に姿を隠しつつ突入の機会を待ち、８時４分、護衛空母「スワニー」に急降下した。「スワニー」はこれに対空砲火を浴びせ、滝沢機は煙を出しながら、真っ逆さまに突入、「スワニー」後部エレベーター前方の飛行甲板に命中、格納庫に飛び込んだ。（図９）。日本側の「戦闘報告」では「未帰投、消息不明」となっているが、「連合軍側記録」には「８時04分、スワニー。一機命中大破、戦死71、負傷82、２時間後に攻撃参加」と記されている（『神風特

信濃毎日新聞

萬朶隊艦船群急襲
戰艦輸船各一撃沈
必死必殺 掩護機も體當り

陸の神鷲特攻隊出撃
神風隊もレイテ灣を猛攻

戰艦へ生ける魚雷

出發前夜の萬朶隊

大型輸船二撃沈
神風隊 七隻を炎上大破

時宗、聖武、櫻花隊 續々敵船團に突撃

神風隊三十七勇士
空母八隻、戰艦二隻を撃沈破
不滅の偉功に長官布告

社説

初志貫

図8　11月14日付『信濃毎日新聞』

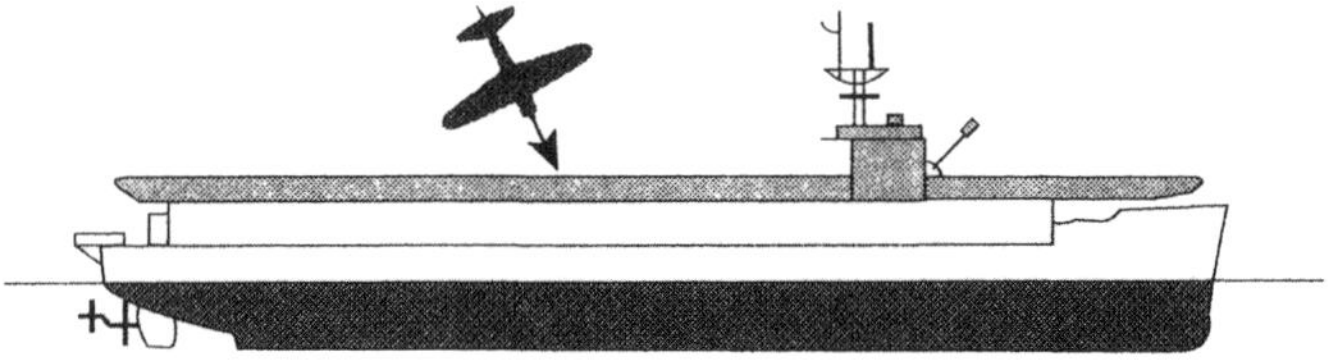

図9　護衛空母「スワニー」に体当たりする滝沢機（『神風特攻の記録』）

攻の記録』）。

敷島隊がマバラカットから出撃したのは、ダバオ基地から出撃した菊水隊、朝日隊、山桜隊の約一時間後で、敷島隊の護衛空母突入は11時前後であるから、神風特別攻撃隊のなかで「最初」に戦果をあげたのは菊水隊・山桜隊である。

「郷土信州が生んだ山桜隊若鷲」

朝、門を開けに出ると、新聞記者が四名取材に来ていた。信毎、朝日、毎日、中日の各社だ。そこで初めて実感が湧いてきた。

両親は直ぐ記者団に対応した。父は当時公職の立場であったこともあり、落ち着いて、「光雄は天晴れな働きをしてくれた。また良い死に場所を得た」と少しの動揺もみせなかった。一方母は、命を懸けて果敢に体当たりを敢行した兄の行動を、「よくやってくれた」と言っていたが、どこか淋しげな感じも隠せなかった。私も立派な働きをしたんだなあと思ったが、反面兄を失った悲しみも込みあげてきて複雑な思いだった（『山脈を越えて』）。

南条村（現坂城町）の村長という「公職の立場」をふまえ「少しの動揺もみせなかった」父親と、「よくやったと」と言いながら「どこか淋しげな感じも隠せなかった」母親。「立派な働き」と「失った悲しみ」が交錯する弟。家族に対する取材は、二日後の『信濃毎日新聞』北信版二面で大きく報じられた（図10）。

「おゝ郷土信州が生んだ山桜隊若鷲よ」という見出しと「在《あり》し日の滝沢一飛曹」の写真が掲げられた記事では、光雄が南条村長滝沢長志郎の四男で、上田中学3年から予科練を

図10　11月16日付『信濃毎日新聞』

志望したこと。祖父も南条村長をつとめ、生家が明治11年9月の明治天皇北陸巡幸の「小休所」だったこと。兄妹は9人で昭和15年11月に「子宝長者」として厚生大臣から表彰を受けたことが紹介された。

また、長兄（上田蚕糸専門学校卒、軍需省機械試験場技士）、次兄（神戸高等商業専門学校卒、陸軍工兵少尉）、三兄（陸軍航空少尉）、弟（上田中4年、陸士受験予定）、嫁いだ長姉

から南条国民学校初等科4年の末妹までが、一家の写真とともに詳しく説明された。あわせて、「幼年時代から負けじ魂の強烈な責任感の強い子供として育ち小学校時代も一風秀でた存在感を示した」「六年時代県武徳会剣道大会に副将として出場足を負傷しながら善戦して第二位を獲得した負けん気でしかも頑張りの強い少年だつた」といった父親や小学校訓導が語るエピソードが披露された。さらに、紙面の一角には、「身近に厳粛な感激」「われら滝沢君に続かん」という見出しのもと、大坪保雄県知事の談話も掲載された。

以後、『信濃毎日新聞』に限らず新聞各紙は競い合うように過熱気味の特攻報道を繰り返す。上海事変の爆弾三勇士や真珠湾の特殊潜航艇など捨て身の行動とは比較にならないほど、航空特攻の記事を大きく掲げて国民の戦意高揚を煽《あお》り、あわせて購読者拡大をねらう。とりわけ、郷土出身特攻隊員に関しては、幼少期から出撃に至るまでの足跡が、両親・兄弟・恩師・友人など、ゆかりの人びとの声を交え、感動的に報道された。

『朝日新聞』も、大本営が「過去一年の米英戦死者は日本の二倍弱の三十万四千余人」と発表した、大詔奉戴日の12月8日付長野版（四面）に、「滅敵の炬火は燃ゆ」「続かん吾らの滝沢一飛曹に」という縦見出しを掲げ、「郷土の山桜魂」を詳しく伝えている（図11）。

長野版

滅敵の炬火は燃ゆ

續かん吾らの瀧澤一飛曹に

郷土の山櫻魂

武門は忠魂を育む

九軍神を讃ふる歌

幼心に盡忠の芽生え

柿の木と飛行機と

図 11　12 月 8 日付『朝日新聞』長野版。生家の脇には「明治天皇鼠宿小休所の碑」（昭和 9 年 10 月 5 日建設）が建っている。

光雄の手紙

11月16日付『朝日新聞』三面長野版は、「大決意溢れる手紙　散つた山桜隊の滝沢一飛曹」という見出しのもと、予科練入隊に際して上田中学校恩師にあてた手紙、末妹（記事では弟）晴子にあてた手紙、「父母が語る勇士の姿」と題する両親の談話を掲載した（図12）。

滝沢が弟妹に生前あてた手紙は、朝日新聞社が昭和17年5月に創刊した学童向けの週刊写真誌である『週刊少国民』第139号（1月21日）の「特攻隊の神鷲、ありし日のお手紙」というコーナーで、「兄さんの分までも」と題して掲載された。

弟久男君宛

久男は美しい信州の山にかこまれて勉強ができてうらやましい限りです。「君には信州の山が見守つてゐる。誰が君を向上させるか。誰でもない。君自身だ」これを忘れないやうにしつかりやつて下さい。無意味の毎日を過してゐたのでは決して偉くなれません。一つ、何事も実る秋に大いに頑張らう。

妹晴子さん宛

晴ちやんは頭がいいですから、よく父さんや母さんや姉さんたちのいひつけを守つ

散つた山櫻隊の瀧澤一飛曹

神風特別攻撃隊山櫻隊瀧澤光雄一飛曹を育んだ上田中學では、主任教諭高坂[illegible]太郎氏が寢食を忘れて精神教育と訓練をなし同中學生から推[illegible]三夫、松崎三男、和山徳太郎の諸君が選出し同校の[illegible]瀧田[illegible]村の玉砕精神を今次前の大國難に[illegible]き遺憾を発揮してレイテ灣内に散つたのであつた、同君の出發當時の手紙は次のごときものである

弟晴ちやんに寄せた瀧澤一飛曹の手紙とそのおもかげ

晴ちやん元氣ですか 兄さんも元氣です 此ちらに來たりしました 毎日晴中[illegible] 晴ちやんの様な腹坊さんに[illegible] バナナはまだ青い うれたら晴ちやんに分けて食べてやるよ 水浴[illegible] 泳ぎたい 水を飲みすぎてお腹をこわすなよ

元氣で仲良く勉強しなさい 母さんのいひ付け[illegible] 一日も早く兵隊に[illegible] 晴ちやんへ 兄さんより

元氣で征つて參ります、二十三年來光雄は御両親及び兄上達にまで勇猛に至らぬことが多い爲色々注意を受けましたが伸び行くものはその前に必ず收縮す[illegible]出來上つた斷です、光雄も色々の不孝のこともありましたが、しかしそれは私の將來の悠々たる伸長に対する準備期であつたのだと考へて御許し下さい、[illegible]熱、努力、服從、忍耐などあらゆる[illegible]精神を発揮して十分精勵致しますから御心配なさいますな、光雄には確固たる自信があります、どうか御両親様には深い信頼の目で光雄の將來を期待して下さい（以下略）

無口、我慢強い子
父母が語る勇士の姿

神風特別攻撃隊山櫻隊で散つた埴科郡[illegible]瀧澤光雄一飛曹の生家には十四日朝から[illegible]校長、山崎助役その他多数の弔問客がひきもきらずいづれも「よくやつて下さいました」とただく感激に堪へません」と感泣してゐたが実父[illegible]郎さん、母[illegible]さんは交々語る

あの子は小さい頃から我慢強いところがあり、父から家の中に放り出された時も涙一つ出さずうつとこらへてゐるのを母がやつと家の中に連れこんだことがありました、學校に入つてからは良く勉強し、口数も少く早くから海軍に行つて[illegible]ため一身を捧げるのだと決意を固めて頑張りで頭角を出して豫科練に入つたわけです、この間も辞世の歌を寄せて十分その決意のほどを示してゐました

図 12　11 月 16 日付『朝日新聞』長野版。右紙面では、「活かせ・神鷲の遺志」「あゝ純忠薫神鷲」の見出しのもと、滝沢をはじめとする神風特別攻撃隊員の略歴が紹介されている。

て、しつかり勉強しなければだめですよ。兄さんは晴さんがまた「全部優よ」といつてくるのを楽しみに待つてゐます。それから兄さんは遠くにゐて、親孝行はよく出来ませんから兄さんの分まで両親に仕へて下さい。

手紙は、『週刊少国民』記者が遺族から提供されたものという。「君には信州の山が見守つてゐる」の一節は、光雄が自分自身に言い聞かせているような印象を受ける。「信州の山にかこまれて勉強ができてうらやましい限りです」という一節は、光雄の本音だったのではないだろうか。

予科練への道

祖父と父親が村長、生家は明治天皇巡幸「小休所」、兄三人は軍人、弟は陸士志望という家庭環境のもとで成長し、「真田魂」をモットーとする上田中学校で昭和16年4月に結成された報国団では、「山行かば草むす屍《かばね》、大君の御為に身を鴻毛《こうもう》の軽きに比する軍人の精神こそ我等が依って立つ精神」とする「国防訓練部」射撃班に所属した光雄にとって、「家門の名誉を汚すな」「責任感の強い人間となれ」という父の教えを実現することは、上田中学校から高等学校・大学という学歴エリートの道を歩むこと（「勉強ができてうらやましい」）よりも、兄と同様に軍人の道を志望することであったと思われる。事実、久男は次のように述べている。

兄は中学三年の頃（太平洋戦争勃発の年）から盛んに偉人伝を読み耽り、西郷隆盛、乃木大将、東郷元帥の肖像画を壁に貼り、物思いに耽っていた。今思えば、この頃から大空への憧れがいよいよ熱烈となっていったようだ。そして、一刻も早く国にご奉公したいと考え、一番近道の予科練の道を選んだのだと思う。

また、上田中学校の恩師も、「大部分の者は四年になってから志願の肚を決めた」が、光雄は「三年のときからハッキリ予科練を志願すると言い、特に体力の練磨につとめ」、兵学校受験をすすめる者もいたが「一日も早く御奉公したいからと予科練の志願を捨てなかった」と述べている（『山脈を越えて』）。

一方で、土浦海軍航空隊に入隊後、三等飛行兵（5月）→飛行兵長（11月）→二等飛行兵曹（昭和18年11月）→一等飛行兵曹（昭和19年5月）と階級があがるとともに、光雄の脳裏には〝戦死〟という、軍人には不可避の二文字が色濃く浮かんだものと思われる。

久男によると、光雄は昭和19年3月中旬、第一線出動の前に三日間の休暇を得て、父母兄弟との面会のために帰郷したという。

兄は体も引き締まり、一回り大きくなっていた。いろいろと訓練の様子を話すが、少しもつらいことは言わなかった。只一日一日を愉快に過ごしていると言い、一日も早く、大義に生きることを望んでいるとも言っていた。また、何人かの友人とも逢ってきたようだった。

帰隊する朝、前々から母と約束してあった、短刀と白いマフラーを手渡され、家族に別れを告げて、私が北塩尻駅まで見送った。その時も普段と変わりなく平常心であった。別れ際に兄は言った。「久男や、今度帰って来るときは、軽くなって来るよ」と笑顔で別れた。私はその時、意味もわからず、気にも留めなかった。今思えば、その時すでに覚悟が出来ていたのだ。あの晴れ晴れとした兄の顔が目に浮かぶ（『山脈を越えて』）。

帰省は3月であるから、「軽くなって来るよ」とは特攻死ではなく、戦死であろう。「大義に生きる」ことを望む光雄にとって、「航空特攻」という「大義」は、この時想像できたのだろうか。

もう一人の甲種10期生

滝沢光雄が特攻死した二日後の10月27日、第二神風特別攻撃隊5隊（忠勇・義烈・純忠・誠忠・至誠）が編成された。第一航空艦隊による第一神風の成功を受け、航空特攻に反対で、通常作戦を敢行したものの、戦果に乏しかった第二航空艦隊でも特攻隊が編成されたのである。２５０㌔爆弾をすぐに搭載できる艦上爆撃機による特攻隊が編成され、編成当日から戦闘行動にはいった。

滝沢と予科練同期で北安曇郡小谷村出身の野々山尚《たかし》は、第二神風特別攻撃隊忠勇隊として、艦上爆撃機・彗星に２５０㌔爆弾を搭載して第一ニコルスから出撃。だが、発進時に特攻機が滑走路にのめり込んで離陸できず、不参加。二日後の29日10時15分、昭和15年10月に入隊した乙種16期出身者が同乗し、義烈隊の１機とともに出撃、12時40分頃に敵空母に体当たりを敢行、20歳の誕生日直後に特攻死した。艦爆機が威力を発揮するには、戦闘機などの直掩を受けながら、無事に敵艦隊上空に到達する必要がある。だが野々山機の直掩隊（零戦）は2機だけであった。

野々山は大町中学卒業後に予科練に入隊。中学時代は柔道選手で初段であった。父親は、北安曇郡下神城《かみしろ》・南小谷小学校に19年間在職し、この時は南小谷村青年学校長であった。

三人の弟と妹がおり、次弟は兄の志を継いで前年大町中学校から予科練に入隊していた。予科練入隊の経緯や家庭環境が滝沢と似ている。予科練→飛練（霞ヶ浦海軍航空隊三沢分遣隊）と進んだ二人は、実用機教程で野々山は艦上爆撃隊（艦爆隊、81名）、滝沢は戦闘機隊（228名）となり、それぞれ宇佐海軍航空隊（大分県宇佐市）と徳島海軍航空隊で訓練に励んだ。そして、フィリピン海戦で特攻死を迎えた。野々山が実用機教程で戦闘機隊になっていたら、滝沢と同じ第一神風となっていたかもしれない。

昭和20年2月20日付『朝日新聞』長野版は、「大町中学が生んだ最初の神鷲第二神風特別攻撃の野々山尚少尉の二階級進級が公表され母校の在校生徒はもちろん北安曇郡民には深い感動を与へてゐる」と報じている。しかし、『大町高校八十年史』『高校風土記　大町高校ものがたり』には、野々山尚に関する記載はない。

信州出身の甲種10期生（全1722名）は12名、そのうち9名が戦死した。特攻戦死者は滝沢と野々山の2名だけである（『散る桜　残る桜』）。

万朶隊と石腸隊

万朶隊

昭和19年11月12日、陸軍最初の特攻隊である万朶隊４機（５名）がルソン島マニラ南方のリパ飛行場から出撃した。一番機が田中逸夫（曹長）と通信手の生田留夫（曹長）、二番機が久保昌昭（軍曹）、三番機が信州出身の奥原英孝（伍長）、四番機が佐々木友次（伍長、仙台11期）である。

出撃に先立ち別れの盃をかわす五人の胸には、マニラ軍司令部への申告連絡飛行中、敵機に撃墜されて11月５日に亡くなった岩本益臣隊長ら五人の将校の遺骨（霊位を記した紙片）が納められた小箱が吊るされていた。写真の右端が奥原である（図13）。

銃火器を取り外し、８００キロの爆弾を搭載した九九双軽４機は、20機の戦闘機の掩護のもと出撃。出撃の様子は敷島隊と同様に日本映画社が撮影した。日本映画社は、大毎・東日・朝日・読売・同盟各社のニュース映画部門を統合して設立された「日本ニュース映画社」が、昭和16年に社名を変更したものである。戦地に特派員・陸海軍報道班員を派遣し

図 13　左から佐々木、生田、田中、久保、奥原（『一億人の昭和史』）

て撮影・製作されたニュース映画、戦記映画、文化映画は各映画館で上映された。

13日、大本営は「我特別攻撃隊万朶飛行隊は戦闘機掩護の下、十一月十二日レイテ湾内の敵艦船を攻撃し、必死必中の体当りを以て戦艦一隻、輸送船一隻を撃沈せり」と発表。翌14日の『信濃毎日新聞』も一面で田中・生田・久保・佐々木（紙上では佐々木友治）の名前を挙げ、「陸の神鷲特攻隊」の戦果を報じた（図8参照）。

しかし、記事に奥原の名前は見当たらない。搭乗機の不調で引き返していたからである。同じく二面に「万朶と薫る陸の神鷲　隊長の英霊を抱いて　殉忠の若桜・暁の進発」という見出しと「万朶隊神鷲の雄姿」とキャプションが付いた写真を掲げ、「神鷲・ありし日の姿」を伝

えた『朝日新聞』も、一番機（隊長隊）、二番機久保、四番機佐々木に関する記述はあるが、三番機奥原は一切報じられなかった

15日、二回目の出撃が発令された。石渡俊行（隊長・軍曹隊長、仙台9期）、奥原、奥原と仙台乗員養成所同期の近藤行雄（伍長）、および特攻戦死が公表されていたが実際は生還していた佐々木の4機が出撃した。結果は、石渡機は未帰還（戦果不明）、近藤機は墜落爆発、奥原と佐々木は予定していた空中での集合が出来ず再び帰還であった。

10日後の25日正午、奥原と佐々木に三回目の出撃命令が下る。最初の出撃組でまだ生存しているのは、この二人だけであったからである。ところが、出撃直前に飛行場が敵艦載機と戦闘機の襲撃を受け、二人の九九双軽は炎上。この時、逃げ遅れた奥原は爆死する。21歳6か月であった。残された佐々木は、その後何度も特攻出撃命令が下るが、そのつど生還し、戦後を迎える（『不死身の特攻兵』）。

消えた奥原英孝

11月26日付『信濃毎日新聞』一面は、田中・生田・久保と万朶隊を掩護中に被弾したため自らも目標に体当たりした直掩隊渡辺史郎に対する感状（戦功のあった者に上官が与え

信濃毎日新聞

昭和十九年十一月廿六日

萬朶隊勇士に輝く感狀

必死體當りの偉動

直掩機と共に全軍布告

上聞に達す

陸軍省發表

萬朶攻撃隊　田中逸夫　生田留夫　久保昌昭

渡邊史郎

戰艦見失ひ輸送船猛攻

生還佐々木伍長機の殊勲

四勇士少尉に特進

二階級乃至四階級

陸軍省發表

任陸軍少尉

陸軍曹長　田中逸夫

同　生田留夫

軍曹　久保昌昭

伍長　渡邊史郎

荒鷲・モロタイ、レイテを連襲

艦船艇六隻撃沈破

五十四ヶ所以上を炎上爆發

大本營發表

戰果更に

一機は體當りで

B29十四機屠る

帝都附近空襲戰果擴大

大本營發表

社説

冷靜・軒昂たる帝都

週間戰局

比嶋の

図 14　11 月 26 日付『信濃毎日新聞』

る賞状）と、四勇士が少尉に「特進」したこと、特攻死したと報じられた佐々木が「戦艦見失ひ輸送船猛攻」し生還していることを報じた（図14）。

特攻死は通例死後二階級特進（特別な進進）するが、下士官はそれ以上に特進することもあった。渡辺は伍長→軍曹→曹長→准尉→少尉と

朝日新聞

昭和十九年十一月二十六日

萬朶隊の勲・薫る四勇士

感状上聞に達し進級行賞の恩命

田中、生田、久保三隊員

直掩完遂の渡邊伍長

感状

田中逸夫

生田留夫

久保昌昭

感状

渡邊史郎

特別任官

「陸軍補充令」による恩命

四勇士少尉に榮進

任陸軍少尉

田中逸夫

生田留夫

久保昌昭

渡邊史郎

特旨 功四旭六

死を急がず

佐々木伍長

大勇の述懐

図 15　11 月 26 日付『朝日新聞』

図 16　「万夷必死を期す陸軍特別攻撃隊」（『週刊週報』第 349 号、11 月 29 日）

四階級特進した。29日、下士官は少尉（海軍は特務士官たる少尉）、兵は准尉・准士官に一律昇進するという勅令が出された。

同日の『朝日新聞』一面では出撃時の写真が使用されている。だが、左端に立つ佐々木の写真はカットされ（「死を急がず」と未だ特攻死していないことが暗示されている）、左から四人目の奥原に関する説明は、三回目の出撃直前に爆撃死したことも含め一切されていない（図15）。

一方、表紙に「神州の正気　レイテに炸裂す　あゝ陸軍特別攻撃隊　皇国断じて揺がす」と記された『写真週報』第３４９号（11月29日）に掲載された「万夷必殺を期す陸軍特別攻撃隊」という写真では、左端の佐々木から生田・田中・久保までが映っているが、奥原はカットされている（図16）。

ルポの中の奥原

こうした奥原の描き方は、万朶隊の殊勲を伝える報道でも行われた。『主婦之友』第29巻第1号（昭和20年1月）に掲載された「万朶特別攻撃隊」と題するルポ（陸軍報道記者によるものと思われるが氏名は不詳）では、岩本隊長戦死後の訓練や出撃の様子が、次のように書かれている。

田中曹長を中心として、生田曹長、久保軍曹、佐々木伍長は一致団結、血の訓練に精進の一日々々をつゞけてゆく（中略）。二十二歳のこの佐々木伍長、田中曹長が二十七歳、生田曹長が二十五歳、久保軍曹が二十一歳。そしてこの久保軍曹は、少年飛行兵出身である。この若さで――征けば必ず死ぬ、万に一つも生への期待を持つことはできない。それだのに、勇士達の何といふ悠々たる態度であらう。何といふ朗かな様子であらう（中略）。田中曹長が言つた。「攻撃は、各自が最も効果を生ずると思ふ方法でやるのだ（中略）」ぢつと聴き入る二番機久保軍曹。四番機佐々木伍長の真剣な横顔──ランプの灯にほのぐ〵と照らされて美しくも神々しい。

三番機の奥原に関する記述はない。出撃の様子も同様である。

十一月十二日。飛行場はまだ深い暁闇に包まれ、内地の秋を思はせる冷気であつた。滑走路の東北隅に天幕が張られてゐる。神鷲の首途《かどで》を送る、晴れのしかし粗末な式場である。田中、生田、久保、佐々木の神鷲が白木の卓に向かつて順に並び、不動の姿勢をとつてゐる（中略）。岩本隊長以下五柱の雄魂は、いまこそ愛する部下の胸に抱かれて、宿願の征途に出で立たうとするのであつた（中略）。

滑走路のはづれの闇の彼方に、懐中電灯が大きく円を描いてゐる。爆音が一きは高く暁闇をつんざいて、田中曹長と生田通信士の編隊長機が、再びは還らぬ大地を蹴つて進発した。重ねて闇空に描かれる懐中電灯の輪。二番機、三番機、四番機といづれもその輪の中に吸はれ、赤い翼灯、青い翼灯が流れ星のやうに夜空に昇つてゆく。

奥原の名前は一切登場しない。初めから存在しなかったような書きぶりである。「三番機に搭乗した万朶隊員は誰だ」と、不思議に感じた読者がいたものと思われる。

一方、万朶隊の出撃を記録した「ニュース映画」第２３４号（11月23日）では、「名づけてその名を「万朶隊」　陸の神鷲は「神風」につづいた　とき十一月十二日」「発進まぢかい勇士達の成功を祈るは指揮官　富永恭次中将」というナレーションとともに、万朶隊員の姿が映し出されている。このなかに奥原がいるのは確かであるが、識別できない（『別冊　1億人の昭和史　日本ニュース映画史』）。

こうして万朶隊員と出撃し、二階級特進が予定されていた奥原は、事故死という異例の死も相まって、陸軍特攻隊の記録と記憶から抹消されていく。

石腸隊

信州の人びとが、郷土出身の最初の陸軍特攻死者を知るのは、12月11日付『信濃毎日新聞』である。一面で、12月5日に特攻を敢行した石腸飛行隊のなかに二人の信州出身者——大井隆夫少尉と増田憲一少尉——がいることを、写真とともに報じた（図17）。

鞏固《きょうこ》な精神を示す「石心鉄腸」から命名された石腸隊は、万朶隊・富嶽隊につぐ陸軍特別攻撃隊である八紘隊の第六部隊で、下志津教導飛行師団で飛行訓練に励んだ陸士出身者14名と教官・助教４名で編成された。

信濃毎日新聞

殊勲甲九十六勇士
本縣は若林、伊藤兩大尉、平岡軍曹
井出少將功三を賜ふ

陸軍第四十四回 論功行賞

カルカッタ西方 B29基地奇襲
五機、四箇所を炎上
オルモック レイテ灣 更に廿三隻屠る

大本營發表

廿四神鷲體當り偉功

國運負ひ征く櫻花
床し神鷲 大井隆夫少尉
母堂は語る

レイテに果てん・既に決意
歴戦殊勲に輝く増田憲一少尉

三國共同戰爭に突入 けふ三周年

驅艦一隻を撃沈
カモテス海 潜航艇出撃

艦船艇四十屠る

北飛行場七ケ所炎上

贛州 遂川を急襲
十六機を炎上撃破

社説 平常心を失ふ勿れ

B29眞正面に突撃
滿洲國軍の華 春日園生中尉
父は憲兵大佐

西鮮 釜山に B29各一機

B29二機西九州を偵察

織維工場 管理官

図 17　12 月 11 日付『信濃毎日新聞』

12月5日、石腸隊第一次攻撃により、高石邦男隊長以下7機がレイテ南スルガオ海峡で敵輸送船団に突入、大本営は「我特別攻撃隊石腸飛行隊は、十二月五日七機を以てレイテ島東南スリガオ海峡を北進中の敵艦船を攻撃し、巡洋艦一隻、輸送船五隻・艦種不詳一隻を撃沈せり」と発表した。記事はこの石腸隊第一次攻撃の戦果を報じたものである。

大井隆夫と増田憲一

『信濃毎日新聞』は、第一神風山桜隊の滝沢光雄と同様に、大井隆夫と増田憲一の素顔を詳細に伝えた。

大井に関する記事は、千葉県市川市の日本大学中学（現日本大学千葉高校）4年在学中に陸軍士官の道を志望、「体を鍛へるには田舎の学校に限る」と野沢中学校（現野沢北高校）に転入、母の実家である平根村（現佐久市）から通学したこと、父の兄は北佐久郡中《なか》佐都《さと》村村長、母方の叔父は元平根村村長という家柄であること、「男ばかりの五人の子供を皆軍人に」「幼い時からしごく明朗で親思ひ、弟思ひの子供」「男子として最高の死に場所を得た」といった、滝沢光雄を髣髴《ほうふつ》させるような両親の話を伝えた。昭和15年3月、野沢中学校を卒業し、昭和16年4月陸軍予科士官学校、昭和17年7月陸軍航空士官学校に入学（陸士57期）。下志津飛行学校（少尉に任官）を経て、下志津教導飛行師団で石腸隊に編成されたのである。

一方、小県郡泉田村（現上田市）出身の増田憲一は、18歳で陸軍鉄道隊を志願、下士官の曹長・准尉から士官学校（熊谷飛行学校）を卒業して任官し、中国大陸航空戦に参加、第24期少尉候補生を卒業後、下志津教導飛行師団で大井ら陸士57期飛行学生の戦技教育を担当する教官であった。二人は師弟関係であった。

出撃にあたり石腸隊は、航空機増産の一助として隊員の所持金２６１８円68銭を献金。大井の父の職場でも、「職場の同僚約百名が戦闘機（「石腸隊大井号」）増産費用」を陸軍省に寄付したという（12月21日付『信濃毎日新聞』）。

「蘭花特別攻撃隊」

石腸隊を最初に報じた12月11日付紙面の右下端に、「Ｂ29真正面に突撃　満州国軍の華春日園生中尉」という見出しのもと、満州来襲のＢ29に体当たりを敢行した春日園生の記事が、顔写真と共に掲載された（図17）。

春日は、上伊那郡美篶《みすず》村（現伊那市）の出身で、東京第六中学校（現都立新宿高校）か

満洲の空に信州魂

二階級特進の蘭花隊春日中尉

皇帝陛下御嘉賞

本月七日満洲米機のB29へ満洲国空軍としては初めての体当りを敢行、壮烈な戦死を遂げた満洲国軍特攻蘭花隊春日園生中尉(上伊那郡美篶村上川手)に対し軍事部大臣から即日殊功状を授與、二十日にはさらに満洲国軍初の二階級特進が発令され皇帝陛下から有難き御嘉賞の御言葉を賜はり武人最高の栄誉に輝いたが遺族父[illegible]兵大佐は現在南方某基地に、母堂美智子さん[illegible]妹[illegible]子さん[illegible]弟英昭君[illegible]の一家は伊那町[illegible]町に居住してゐる、この輝なる光栄を美智子母堂は感激して語る

武人として立派な死所を得たことでさへ本望なのにこの光栄なる感命には故人もさぞ地下で感激してゐることと思ひます、小学校、中学校は主人(憲大佐)の勤務の関係から仙台、東京と転々して来ましたが主人は何時も信州に生れたのだから信州魂を忘れるなと申してをりました、東京六中からかねて念願の満洲国軍官学校へ入り主人の教へと訓練が日満一体へ突つてくれたのだと思ひます、三月一寸帰つたとき

すめらぎにつかへまつらむあかき心は君に咲け散る梅の花

と辞世を遺しすでにそのと覚悟は出来てゐました、私どもも園生が身をもつて教へてくれたものとこの感激を永久に語つて行きたいと念願してゐます

蘭花は満洲国の国花であつてこれ

たふとき御楯

原隊発表二十日(戦病死)

上等兵 大島熊太郎 [illegible]村

上等兵 掛川 勇 [illegible]石村

上等兵 下條 與八 [illegible]村

一等兵 村松 [illegible] [illegible]村

勤労課長さんと少女

女挺隊が残業を許されたワケ

『勤労課長殿』神[illegible]の戦果の発表された日であつた[illegible]士電気工場の内田勤労課長に組立工場で松本第一高女の挺身隊[illegible]枝子さん[illegible]に呼びとめられた「どうぞ私たちに夜業をさせて下さ

図 18　12 月 21 日付『朝日新聞』長野版

ら、昭和15年1月、陸軍士官学校に相当する満洲国(新京陸軍)軍官学校に1期生として入校した。昭和18年5月卒業後、陸軍少尉に任官、奉天陸軍飛行学校での訓練を経て、飛行隊に配属された。父親も陸士出身(憲兵隊大佐)である。

12月7日、成都から奉天に向かう70機のB29に対し、日本軍と満州国軍飛行隊が追撃を試み、日本軍6機、満州国軍1機が体当たり攻撃を成功させた。春日の体当たりは奉天市民が注視するなか白昼行われた。「満州国空軍最初の体当たり攻撃」とされ、満州国の国花である蘭花にちなみ、「蘭花特別攻撃隊」と称された。

新京特別市記念公会堂で行われた慰霊祭には、関東軍司令官代理、国務総理代理、甘粕正彦満州映画協会理事長らが参列、満州国皇帝や国務大臣の献花で埋まり、新京女学校生徒の弔辞は「噫々《ああ》春日中尉」と題する詩の朗読であった。春日の死は、森繁久彌が日本放送協会アナウンサーとして赴任していた満州電信電話により、満州各地に伝えられたという（『続　陸軍航空の鎮魂』）。

21日付『朝日新聞』四面長野版は、満州国皇帝から「満州の空に信州魂　二階級特進の蘭花隊春日中尉」という見出しのもと、20日に発令された「満洲国最初の二階級特進」を伝えた（図18）。

紙面には、「武人として立派な死所を得たことでさへ本望なのにこの重なる恩命には故人もさぞ地下で感激してゐることと思ひます」「主人は何時も信州に生れたのだから信州魂を忘れるなと申してをりました」という母親の話が掲載された。「信州魂」という言葉を読者はどのように受け止めたのだろうか。

「人間爆弾」桜花と神雷部隊

神雷部隊

特攻隊に関する新聞報道は、初期の航空特攻――滝沢光雄・野々山尚／大井隆夫・増田憲一――の詳細なものから、しだいに特攻死を淡々と伝えるものになった。一方で、増加する特攻死以外の戦没者の情報が、顔写真とともに掲載される傾向が強まっていく。そうしたなか、一面トップで「神雷特攻隊の殊勲」を伝えた、昭和20年5月29日付の新聞各紙は、多くの読者に衝撃を与えた。

『信濃毎日新聞』は、「神雷特攻隊の殊勲　全軍に布告」「一発忽ち巨艦轟沈」「三百卅二勇士人間爆弾」の見出しを掲げ、神雷特別攻撃隊戦死者の階級と氏名を掲載した（図19）。読者は、300名を超える特攻戦死者数に驚き、従来の特攻記事で見慣れた特攻隊員の顔写真が一人も掲載されていないことに戸惑いを覚え、この中に郷土出身兵はどのくらい含まれているのか、そして何よりも「親子もろとも突入」「必死必中の新兵器／親機体内に子の一噸《トン》弾」と形容された「神雷特攻隊」とは一体どのようなものなのか不思議に感じ

図 19　5 月 29 日付『信濃毎日新聞』

たものと思われる。

神雷部隊――疾風迅雷から音をとって命名――とは、昭和19年10月、百里原海軍基地で編成された第721航空隊の別名である。百の位の7は陸上攻撃機部隊、十の位の2は横須賀鎮守府所属(0～2)、一の位の1は常設航空隊(奇数)を示すので、第721航空隊は横須賀鎮守府所属の陸上攻撃機の常設特攻隊を意味した。「人間爆弾」桜花で体当たりを敢行する桜花隊、桜花を懸吊《けんちょう》して敵艦上空まで運ぶ陸攻隊、これを掩護する戦闘機隊により編成された。

11月、第721航空隊は、専用の錬成基地となる神之池基地に移動した。この結果、実用機教程(戦闘機)を担当した神之池海軍航空隊は谷田部空、練習機教程を担当した旧谷田部空は山形県の神町基地(現山形空港)に移動して神町海軍航空隊となる。

「人間爆弾」桜花

桜花は1・2トンの爆弾を搭載した一人乗りの高速滑空機である。全長約6メートルのアルミニウム合金の胴体に、全幅約5メートルの木製の翼が付き、全高1・16メートル、全重量は2270キロ。機首に据えられた1・2トンの爆弾は、一発で戦艦または空母を撃沈できるとされた。航続

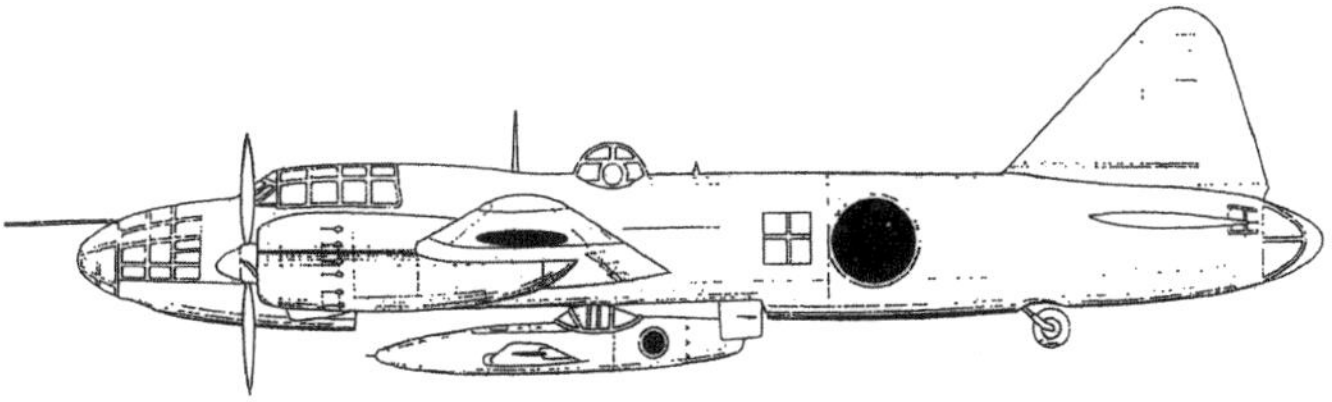

図 20　一式陸攻と桜花

距離は高度４０００メートルで投下されたとして約30キロ前後、突入時の最高速度は時速１０００キロに達したという。開発時は発案者の大田正一の苗字から「(大)《マルダイ》兵器」という暗号名で呼ばれたが、特殊攻撃機の制式名称は花の名称から採用されたため、散り際の見事さから、行きて還らぬ特殊攻撃機にふさわしいと、桜花と命名された。

　桜花隊は、目標に接近すると母機である一式陸攻から桜花に乗り移り、一式陸攻から切り離されると、ロケット燃料で加速したのち、滑空して敵艦隊に体当たりを敢行した。まさに母機から射出されれば生還が不可能の「人間爆弾」であった。このことは、陸攻隊からすれば、生身の人間が操縦しようとも、「人間爆弾」桜花は、爆弾や魚雷と同じ扱いの兵器にすぎなかったことを意味する（図20）。

桜花の飛行訓練

桜花隊員の募集は、昭和19年8月中旬から、台湾・朝鮮を含む全国の実用機教程を行う練習航空隊員を対象に、敵艦を一発で轟沈できる新兵器に搭乗する、ただし生還は厳しいといった内容で秘密裏に行われ、応募者の中から約200名が第721航空隊に着任した。「生還不可能」という条件に注目すれば、桜花隊員は最初の特攻隊員とみなすこともできよう。

桜花の飛行訓練は、零戦と桜花練習滑空機で行われた。まず、零戦を使用し、エンジン出力を絞って目標地点に着陸する。続いて、着陸用と転倒防止用の橇《そり》が付いている桜花練習滑空機を母機から切り離し、滑空後着陸する訓練が課せられた。高度3000メートルで一式陸攻から練習機に乗り移り発進、数秒間で500メートル急降下した後、滑空降下を始め、地上1メートルになったらその高度を保ちながら失速するまで滑空し、橇で着地するという訓練である。

飛行訓練では殉職をともなう事故が多発した。事実、訓練当日は「死んだ時恥ずかしくないように」と新しい下着を身に着けることが習わしとされ、練習機に移る際に開ける一式陸攻の50センチの角の蓋は棺桶を意味する「ガン箱の蓋」、練習機に移動する間は「三途の川」と言われた。飛行訓練は一回だけ行われ、修了すれば作戦遂行可能と判断された。したがって、桜花練習滑空機に二度乗った生存者はいないとされる。

母機の一式陸攻に吊り下げられた練習機が、上空で母機から切り離され、着地する光景は、訓練の場である神之池基地周辺で生活する人びとや面会に来た家族の目には奇異に映った（『文化財かみす』第一九集）。

神雷部隊出撃

昭和20年3月21日、鹿屋基地の神雷部隊に出撃命令が下る。陸攻隊・桜花隊・直接掩護隊・間接掩護隊からなる編成で、第一神風特別攻撃隊神雷部隊桜花隊という隊名が付けられた。午前11時20分、桜花15機を懸吊した一式陸攻18機（3機は桜花を吊るさず、誘導と戦果確認が任務）が鹿屋基地を発進、55機の零戦が掩護隊として随伴する。援護戦闘機は一式陸攻の4倍にあたる60機が必要であるとの試算であったが、準備できた零戦は55機、しかも故障などの理由により30機に減じてしまう。

敵弾を受けると火を噴き「ワンショット・ライター」と揶揄され、しかも桜花を懸吊しスピードが遅い一式陸攻は、たとえ多くの掩護戦闘機を引き連れたとしても、敵艦にたどりつく前に、桜花もろとも撃墜されてしまう可能性が高い。神雷部隊指揮官（陸攻隊長）の野中五郎は、「ロクに戦闘機もない状況では、まず成功しない」と述べたという。

神雷部隊は、戦闘機が不足しほとんどが護衛を付けない単機での出撃となったため、進撃の途上に敵艦載機群の攻撃を受け、桜花を投下することも出来ず、一式陸攻18機全機が撃墜された。この出撃で戦死したのは桜花隊15名、陸攻隊135名、掩護隊10名の計160名。一度に失った人的損害としては最大であった。野中五郎（少佐）は、最年長（35歳）の神風特別攻撃隊戦死者となった。

神雷部隊の全滅、とりわけ桜花投下後の帰投が了解事項であった陸攻隊の未帰還は、当局に衝撃を与えた。陸攻隊、掩護隊の戦死者にも、桜花隊同様の二階級特進が急遽決定された。

その後の神雷部隊

一式陸攻を大量に失い、直掩隊の零戦が壊滅した神雷部隊は、従来の白昼編隊攻撃から黎明薄暮時の単機攻撃に転換した。あわせて、敵機動部隊の邀撃《ようげき》能力を滅殺し、桜花突入を成功させるために、零戦に2倍の500キロ爆弾を積み、零戦での訓練経験がある桜花隊員が突入する爆戦攻撃を採用した。桜花攻撃が桜花隊だけでなく陸攻隊7名をも犠牲にする恐れがあるのに対し、爆戦攻撃の犠牲は一人ですむという考えによる。この新戦力は、後醍醐天皇の「建武の中興」から名を採り、戦局の立て直しの期待を込めて建武隊と名付けられた。

さらに、鹿屋基地に進出した戦闘航空隊をも指揮下に入れ、零戦に250キロ爆弾を抱かせた爆戦隊を編成した。大村航空隊の神剣隊、元山航空隊の七生隊、筑波隊、谷田部航空隊の昭和隊の4隊である。

5月29日の新聞記事は、前日の海軍省の神雷部隊公表にもとづくもので、「三百卅二名」という数字は、逓信省愛媛地方航空機乗員養成所出身の富内敬二（下伊那郡喬木《たかぎ》村出身）が桜花隊として出撃した第4次までの神雷部隊と、第6次までの建武隊が出撃した4月14日までの特攻戦死をまとめたものであった。この間の戦果は、桜花9機が発進（5機未帰還）した4月12日の第3次神雷部隊だけで、戦死者の半数を占める初陣の悲劇については全く触れられなかった。

一式陸攻に搭乗した搭乗整備員などの遺族は、記事を見て驚愕したことと思われる。通常は地上勤務である整備員が、機上でエンジン監視のため一式陸攻に搭乗する。事故死は想定されても、本来特攻死はあり得ないからである。

山岡荘八と川端康成

5月30日以後の新聞には、第1次桜花攻撃隊の出陣状況や野中五郎隊長の風貌が報道された。だが、全滅した事実に触れるものはなかった。

日本放送協会も新聞報道に呼応、九州各基地に派遣していた前線録音隊の取材をまとめ、神雷部隊をラジオの電波に乗せた。四月末から終戦まで、報道班員として神雷部隊に張り付いていた作家の山岡荘八は「番組の舞台まわしを買ってでた」。

一方、山岡と一緒に来隊し5月23日まで鹿屋に滞在した川端康成は、「いつも隊員のありようをじっと見つめているばかり」であったという（『極限の特攻機　桜花』）。

そうした川端康成の数少ない発言が、「神雷征くところ勝機あり　〝狙つたら必ず体当り攻撃　作家川端康成氏の出発目撃談」という見出しがついた6月1日付『信濃毎日新聞』に掲載されている。

親飛行機と戦闘機の増産が今神雷に一番大切なことだ。これさへ出来れば数百数千の電雷の如く敵艦に殺到して全てを沈め去るであらう。飛行機を造れ、飛行機を造れ、神雷による勝機は今眼前にある。必勝を信じて神雷に跨り淡々として出撃する勇士らに恥かしくない心をもつて生産戦に戦い抜かう、爆撃に断じて屈するな、私は心からかうお伝えしたい。

川端の談話は、鹿屋から鎌倉の自宅に戻ったばかりの時のもので、同日付『朝日新聞』でも「霹靂《へきれき》の如き一瞬／敵艦ただ死のみ／川端康成氏〝神雷兵器〟語る」という見出しのもと掲載された。5月29日の新聞記事を契機に「神雷」に関するかん口令が解かれたものと思われる。報道では終戦まで「桜花」の名前は公表されず「神雷」であったこともあり、川端の談話は、「神雷」を懸吊する一式陸攻や掩護戦闘機の不足についてのものであった。報道規制があるとはいえ、川端が心から伝えたいことは本当に、「飛行機を造れ」だったのだろうか。

『信濃毎日新聞』には、川端の談話の隣に、第1神雷部隊として3月21日に一式陸攻（偵察員）で出撃した現小諸市出身の粕谷義蔵（少尉）の記事も掲載された。記事は、小諸商業4年から乙種予科練（4期）に進んだこと、柔道二段で三升の酒を一挙に平らげ「樽の粕谷」と呼ばれていたこと、出撃前に帰郷した時、弟妹に「家名を汚すな」と説いたことなどを報じた。粕谷は、23歳の未亡人を残し28年の生涯を終えた。こうした神雷部隊員の姿は、川端の眼にどのように映っていたのだろうか。

図21は、6月10日に発行された『週刊少国民』第4巻第23号に掲載された「神雷・敵機動部隊の頭上に炸裂《さくれつ》」と題する絵である。「図の右上は神雷を抱いた我が攻撃機隊。中央は炎上する敵艦の黒煙の中を、排気ガスの尾をひいて驀進《ばくしん》するのが神雷。左上は敵の戦闘機隊を追ひまくるわが直掩戦闘機隊。手前は神雷攻撃によって撃沈する敵艦隊」を「想像によつて描いた」と説明されている。

しかしながら、こうした光景は第1神雷部隊の時点から見られることはなかった。神雷部隊による特攻は、3月21日から6月22日までの三か月間、十次にわたり行われ84機の一式陸攻が出撃した。途中で引き返した機を除く58機(うち桜花搭載機55機)のうち、生還した一式陸攻は7機、戦死者は桜花隊員とあわせ420名に及び、本土から最も多くの特攻機を出撃させた部隊となったのである(『一式陸攻戦史』)。

図 21　「神雷・敵機動部隊の頭上に炸裂」(『週刊少国民』第 4 巻第 23 号、6 月 10 日)

航空特攻は人びとにいかなる影響を与えたのか

高まる特攻熱

「神鷲に続かん」

敷島隊の殊勲が初めて新聞で公表された二日後、昭和19年10月31日付『信濃毎日新聞』二面は、「澄清・神鷲に続かん学童の決意」という縦見出しのもと、次のように報じた。

> 「神風特別攻撃隊」〝七生報国〟の尽忠こそは悠久の大義に生きる軍人精神の発露にほかならないが、かゝる崇高な壮挙が若干《ママママ》二十四才から二十才の青年によつて従容《しょうよう》となしとげられた事実は、人格陶冶を基礎とする教育に待つところ多きを厳として教へる教育の力こそ正に無限大である。いま県下の国民学校は第二、第三の「神風特別攻撃隊」をめざす紅顔可憐の少年たちで充満してゐる。喜々と勉学する学童たちの面は七度生れて朝敵を亡さんとする大楠公の崇高なる精神で満ち溢れてゐる。正に国民学校こそは来るべき「神風攻撃隊」揺籃の学舎でなければならない。

紙面には二人の国民学校長の談話が掲載された。宮坂完一岡谷中央国民学校長は、「五勇士の御心が判るものは手をあげなさいと申したところ、一人残らず「ハイ」と叫んで高々と手を上げ、歯を食ひしばり、眦《まなじり》を決して滅敵総突撃にとふるひ立つた」というエピソードを紹介したのち、最後に「特別攻撃隊勇士の英霊に応へ後に続く立派な少年兵の送出にさらに一段と力をつくす覚悟です」と語った。

また、滝沢光雄をはじめとする信州出身者の殊勲が公表される前である。「朝敵を亡さんとする大楠公の崇高なる精神」は、湊川《みなとがわ》の戦いに赴く楠木正成と長男正行《まさつら》の訣別を描いた「桜井の別れ」が国語・修身の教科書に掲載され、教師からしばしば語られていたから児童生徒も理解できたかと思う。

しかしながら、最初に特攻死した敷島隊の「五勇士の御心が判る」児童生徒がどのくらいいたのかは定かでない。この時期の5年生用修身教科書『初等科修身三』には、真珠湾攻撃における特殊潜航艇甲標的（酸素魚雷2本を掲載した二人乗り小型潜航艇）を教材とした「十五　特別攻撃隊」が掲載されている。だが、ここでの特別攻撃隊は、国（天皇）のために自らの身命を賭すことに聊《いささ》かの躊躇も見せなかったという点で「五勇士」と共通するものの、生還の途《みち》が残されたものの「ついに帰らなかった」特別攻撃隊であり、最初から「十死零生」を命じられた「決死隊」の話ではない。

こうしたことをふまえ、国民学校では、儀式・行事・体錬科を通して、大命のもとに潔く死んだ「五勇士の御心が判る」児童生徒を育成し、「第二、第三の「神風特別攻撃隊」をめざす紅顔可憐の少年たちで充満」する教育が強力に実践されていく。

南条国民学校

大正10年1月6日夕方、光雄の母校である南条小学校で火災が発生、中島仲重校長が天皇・皇后の写真である御真影《ごしんえい》を守ろうと、すでに猛火に包まれていた御真影奉護室であった宿直室に駆け込み焼死した。以後、南条小学校では、御真影奉安殿を新築するとともに、命を懸けて御真影を護ろうとした中島校長の行為と責任感を「活教訓」（活きた教訓）とする教育が行われていた。

光雄の特攻も、身命を賭して国を護ろうとした「活教訓」とみなされた。事実、南条国民学校では、昭和19年11月24日の職員会で、「特別攻撃隊滝沢光雄君ノ母校タル本校ノ教育ニ、軍神滝沢君ノ生立功績ヲ生カス様努力カス、感激文ヲ綴ラセテ残ス様ニスル」ことが話し合われている（『昭和十九年度　学校日誌　南条国民学校』）。

12月3日、母校である南条国民学校で光雄の南条村葬が行われた。弔辞を述べた校長は、予科練志願の際、試験官から「なぜ海兵を志願せぬか」と問われ、「一日も早く第一線に立ちご奉公したい」と答えて試験官を感激させたというエピソードを紹介したのち、南条国民学校の様子を次のように述べた。

一一月一四日軍神の勲発表さるゝや、時を移さず、母校南条国民学校に於ては、飛行服に身を固めた在りし日の軍神滝沢一飛曹の美姿を飾り、全校職員児童粛々として一堂に会し、深い深い感謝の黙祷を捧げ、胸奥強く打たれた少年達は、米英撃滅の新たなる憤怒に燃え、我ら全員英魂に続かんことを誓ったのであった。そして、この英霊に応へて日々猛特訓を積んで居る一方、既に乙種予科練第一次試験を突破し、第二次試験に赴いている数名の少年達がいる。これ等の少年達は出発に際し、その霊前に恭しく礼拝し香華《こうげ》を焚き、神兵の我等後輩への加護を祈念したのであった（中略）。又同じ母校を出で、故郷を離れて職場に在り学窓に在る者の中には、母校の名誉、村の名誉である先輩の名誉を受けつげと、滝沢君の思い出を綴り小《ママ》国民を励ます者、写真を送りこの勇士に続けと激励し来る者が非常に多く、或る学校では神鷲出身地当南条村を遥拝し、神鷲に続く忠節を誓わしめたと報じて来るなど、その反響の大きさは、レイテ湾頭に敵艦を屠《ほふ》った勲に更に大きな勲を添へている（『山脈を越えて』）。

「飛行服に身を固めた在りし日の軍神滝沢一飛曹の美姿」を前に「深い深い感謝の黙祷を

捧げ」る児童生徒と、「霊前に恭しく礼拝し香華を焚き、神兵の我等後輩への加護を祈念」する予科練志望者。光雄の「偉業」は在校生に大きな影響を与えたことがうかがえる。
こうして、児童生徒と学校・地域が一体となって、「米英撃滅の新たなる憤怒に燃え、我ら全員英魂に続かん」教育が行われてゆく。

上田中学校

滝沢光雄のもう一つの母校である上田中学校の反響はどのようなものだったのか。
上田中学校の校友会誌の後継誌である『報国団誌』第四号（昭和17年7月20日発行）に掲載された昭和15年～17年の上級学校入学者数によると、海軍諸学校、陸軍諸学校へ入学する生徒が増加していることがわかる。『報国団誌』第六号（昭和19年2月20日発行）の「進学者だより」に掲載された四本すべてが陸海軍諸学校へ勧誘する内容であり、なかにはその後の〝特攻〟を予言するようなものもあった。

海兵に合格して　　　　　五年　　　　　〇〇〇〇

我今征かんとして在校生諸君に望む。「天下の上中」なる言を再び口にする日の一日も早からん事を。これは唯諸君が上中生たるの自覚を持つて、各自の本分に一路邁進する事あるのみ。天下の上中の歴史と伝統を汚す勿れ。昔の如く真田精神を大きく口にせよ（中略）。今や義勇公に奉ずべき緩急の秋《とき》、米英何者ぞ。上中健児よ起て。起つて我等に続け。否軍神に続け。

陸経に合格して　　　　五年　　　　〇〇〇

諸君よ、真に敵米英に対し、憎悪復仇の念にもえ、我こそ彼等をみな殺しにしてアッツ島の英霊に応へ、山本元帥の英魂に続かんと誓ふものは全て、少年飛行兵を、陸幼、陸士を、予科練を、海兵を衝け。若し近眼等のため万やむを得ざるものは陸経を、海経を衝かれんことを切望する。

予科練に入隊するにあたりて　　　三年　　　〇〇〇

我等上中出身の予科練習生五十二名も立派な荒鷲の卵として海軍の猛訓練を受け、真田魂によつてこの過程を突破し、ガンバリ精神を発揮してあくまでも敵を斃し、最後は莞爾として死を恐れず敵機に敵艦に我が身を砕いて突入する崇高なる海軍魂を身につけて、諸君等の期待にそむかぬ様立派な天翔ける、御盾となり皇国の万分の一にも報いる破邪顕正のこの戦争の一助ともならん事を期す。行手には幾多の辛苦が待ちうけてゐるであらう。肉体的精神的にと、併し我々は校長先生の壮行の辞の中の御訓辞にあるが如く、心持を強く身体を大切にして充分やつて行く事を誓ふ。

光雄の特攻公表後の上田中学校は、「死を恐れず敵機に敵艦に我が身を砕いて突入する崇高なる海軍魂」を涵養する「真田魂」がより一層昂揚する。事実、昭和62年に刊行された『長野県上田高等学校史　中学後編』は、『朝日新聞』記事（月日不明）を引用しながら、次のように記している。

神鷲の出身校上田中学では神風精神を承けつぎ、いよいよ伝統の精華を発揚すべく母校の一室に記念室を設け、忠魂を祀り、感激録を編纂して後世にその忠烈を伝へると共に、滝沢兵曹が在学中作詞した〝必ず死すと知りつゝも君のためなり　欣然と行くぞ　誠の日本魂〟の九軍神を讃へる歌を作曲して生徒の士気振起に資するなど種々計画を進め（中略）、生徒達はいまこそ百難不撓《ふとう》の上中魂を発揮すべき秋と、忽ち七十余名が予科練志願を申出たのをはじめ早くも軍関係学校志願二百名を突破、ここにも烈々たる神風精神の沸《たぎ》りを示してゐる。上田校長談――滝沢兵曹の一死尽忠の旺盛な攻撃精神が一朝一夕に鍛へられたものでないことは、その生ひ立ちから学窓時代、或は四囲の環境に見ても明かで、伝統と環境が如何に大切であるかを知るとき滝沢兵曹の遺烈がどんなに一千の健児を振ひたたせたか想像に難くない。

「郷土神鷲讃仰会」

昭和19年12月25日、滝沢光雄・大井隆夫・増田憲一の郷里で、青少年団主催の「郷土神鷲（英霊）讃仰会」が行われた。

大日本青少年団は、昭和16年1月、男女青年団・少年団などの青少年団体を統一して結成されたものである。府県・郡市青少年団は翌2月に結成され、下部組織として学校単位で少年団が組織された。少年団の役員は、団長（校長）・副団長（教頭）・分団長（学校職員）・指導員（団長が委嘱）で、団員は3年生以上の男女児童であった。町内・部落に班が設けられ、高等科2年生（初等科のみは6年生）が班長・副班長をつとめ、氏神参拝・清掃（毎月8日）、班長会議・班常会（毎月月末）、英霊墓地清掃（彼岸）、暁天動員、資源回収、勤労奉仕、各種訓練を行っていた。

滝沢光雄の偉勲を讃える、埴科郡青少年団主催の「郷土神鷲讃仰会」は南条国民学校講堂で行われ、郡町村青少年団代表と南条村青少年団員全員が参列した。新聞報道によると、遺影奉迎後、大日本・長野県・埴科郡青少年団関係者、郡町村会長・長野地方海軍人事部の訓辞・激励、男女青年団・少年団代表の「感激文」の朗読、青少年団代表の「宣誓」、大日本青少年団歌の斉唱が行われ、「参列者の胸には悠久の大義に生きた神鷲の忠烈に続かん覚悟がみなぎつてゐた」という（12月27日付『信濃毎日新聞』二面）。

青年学校

特攻報道を機に、青年学校の教育が一層重視されるようになる。青年学校は、国民学校を卒業後、上級学校へ進学しない勤労青少年を対象とした義務教育機関である。大日本青少年団と同じく、学校教育と不離一体の勤労青少年訓練機関であった。

青年学校教員の松島八郎は「時局下の青年教育」の重要性を、信濃教育会の機関誌『信濃教育』で、次のように説いた。

戦争の熾烈と共にこれに比例して愈々教育の切要さを増し、必勝形態に進めなくてはならない。青年学校教育の使命もそこにあるのである。殊に本県の大部分を占める農村は、その使命として、一、皇軍将兵の送出、二、兵器生産戦士の送出、三、食糧増産の重大任務を担つてゐる。この使命達成のため各村々の性格の上に青年教育を確立しなくてはならない。

一、皇軍将兵としての志願に徴兵に如何に多くの者を送り出せしか、亦出して居るか。戦争の第一線の戦果はこれ等の若き者に依つて日日に上げられて居る。過般のフイリピン沖の戦闘に於ける神風特別攻撃隊の偉勲は国民に如何なる感動を与へしや。一死君国に報ずるは日本人の最も尊ぶ所であり日本精神の究極する所である。然も隊長関大尉は二十四歳以下、隊員は二十歳、二十一歳の紅顔の青年によつて決行されて居る。彼等の胸中只一事、敵艦撃滅あるのみである（中略）。斯かる青年の日頃の錬成は、一つに村に於ける教育の担当する所である。教練科を一層重視し強化徹底せる訓練のもとに学窓より直ちに戦線に送出さなくてはならない（『信濃教育』第696号、昭和19年12月）。

「一死君国に報ずる」青年をいかに生み出すか、そして「皇軍将兵」となる青年をいかに送り出すか。そのための青年教育が実践されていく。

信州教育

急迫セル戦局ヲ勝利ニ打開スルノ途ハ、只忍苦耐難決戦生活ニ徹シ、アクマデモ旺盛ナル敵愾心ヲ昂揚シ鉄石ノ団結ヲ以テ、皇国ノ総力ヲ戦力増強ノ一点ニ結集シ、国力ヲ傾ケタ敵撃滅ニ邁進スルコト、彼ノ神風特別攻撃ノ示セル必死必中ノ体当リアルノミト存ジマス（中略）。申スマデモナク此ノ決戦ヲ勝チ抜キ、国運ノ発展ヲ不抜ニ培フ基礎ハ教育デアルノデアリマシテ、旺盛ナル愛国ノ志気ヲ昂揚シ、敵闘ヨリ戦力ヲ急速ニ増強致シマスモノモ教育ノ力デアリマス

由来信濃教育会ハ古キ歴史ト勝レタル伝統ニ育クマレ皇国教育団体中独特ノ地歩ヲ占メ本邦教学振興ニ又郷土学術ノ興隆ニ或ハ教育者タルノ気魄ノ錬成ニ特異ナル貢献ヲナシ来ツテ居リマスコトハ何人モ認メルトコロデアリマシテ、コレハ一ニ信州先人ノ刻苦励精、教育愛好ノ精神ノ然ラシムルトコロト存ジマス。(『昭和十九年十一月二十五日開会　第五九回解散総会関係書類　信濃教育会』)。

これは、昭和19年11月25日に開かれた信濃教育会第59回総集会(解散式)で、教育団体を整備統合して前年に設立された大日本教育会の支部として発足した大日本教育会長野県支部長に就任した大坪保雄知事の挨拶である。「神風特別攻撃ノ示セル必死必中ノ体当リ」を例に「決戦ヲ勝チ抜キ、国運ノ発展ヲ不抜ニ培フ基礎ハ教育」であることが強調されている。

59年の歴史に幕を閉じる信濃教育会解散と「教育翼賛体制」の確立を伝える『信濃教育』第696号(昭和19年12月)は、「信濃教育会の解散も又当然といふべく、この上は多年育成されたる旺盛なる求道心と、熱烈なる殉教の伝統精神を弥《いや》が上にも振ひ起し、以

て皇国教育界の主柱となり、時勢を先導するの大勇猛心に立たねばならぬ」「新支部は愈々信州教育の伝統を時局下に顕現して、国家の要請に応へ、教育報国の誠を致して行かねばならない」と高らかに宣言した。

信州教育もまた、「熱烈なる殉教の伝統精神」をもとに「教育報国の誠」を顕現する道を歩む。

綴方「特攻隊」募集

昭和20年2月、郷土部隊軍旗奉讃会と信濃毎日新聞社は、東部50部隊・長野県連隊区司令部・長野県・大日本教育会長野県支部の後援のもと、綴方「特攻隊」の募集と「郷土部隊一日入営」を実施することを発表した。

2月7日付『信濃毎日新聞』によると、この行事は、「懸命な心身錬磨の日をおくつてゐる少国民を郷土部隊に一日入営させ」「輝かしき軍旗のもと、目のあたり兵隊さん達の猛訓練に接しさせ、優れた新兵器を見学せしめて、いやが上にも彼らの蹶起《けっき》を促さう」と、前年の陸軍記念日に実施した「郷土部隊一日入営」の成果が大きかったことを受け実施するものであった。

今年は、神風特別攻撃をはじめとする特攻隊の偉勲をふまえ、「一日も早く皇国の興廃を決する戦場に馳せ加はり、特攻隊につゞかう――」と、まず国民学校5・6年男子児童を対象に綴方題目「特攻隊」を募集、各学校と大日本教育会長野県支部傘下の郡市教育会での審査を経た作品のなかから優秀作品を選び、執筆した児童50名が、3月10日の陸軍記念日に東部50部隊に「一日入営」するという内容であった。費用は代表児童に付き添う監督教員も含め主催者が負担した（図22）。

昭和20年3月8日付『信濃毎日新聞』二面は、「特攻魂ねる一日入営　県下の学童決る」という見出しのもと、代表綴方「特攻隊」50名を発表した。このうち「特に優秀」と認められた学童は9名であった。

作品は紙上で公表されなかったので、どのような内容であったかを知ることはできない。こうしたなか上伊那教育会に『昭和二十年三月　綴方特攻隊殿　上伊那教育部会』と題する、信濃毎日新聞社に送られた優秀作品（5名）を除く23名の綴方が残されている。いずれの作品も、真珠湾攻撃の九勇士、台湾沖・比島沖での特攻隊勇士の輝かしい戦果を讃え、「僕も一日も早く飛行兵に志願し」「最後には愛機もろともに肉弾となつて敵艦に体当りを敢行して神となつて靖国神社に奉られ、天皇陛下の御身心を安じ奉る」（手良校6年）、

特攻隊に續く決意

優秀作 少國民を一日入營

綴方募集

一日も早く皇国の興廃を決する戦場に馳せ加はり、特攻隊につゞかう――と、懸命な身心鍛錬の日をおくつてゐる少国民を郷土部隊に一日入営せしめて輝かしき軍旗のもと、目のあたり兵隊さん達の猛訓練に接しさせ、優れた新兵器を見学せしめていやが上にも彼らの敢闘を促さうとする郷土部隊軍旗奉讃会および本社主催、東部五十部隊、長野聯隊区司令部、長野県および教育会県支部後援の行事は昨年三月十日陸軍記念日をトして実施しその成果の大きかつたのにかんがみ今年の陸軍記念日にも左の規程により学童一日入営を挙行することにした、追て詳細は本紙にも発表されるが学校、教育会方面の全面的援助を乞ふ次第である

綴方「特攻隊」募集規定

(一)綴方題目は「特攻隊」とす(二)長さ自由(三)應募資格は県下国民学校初等科五、六年男子とす(四)第一次審査は各国民学校において應募作品なし、その校の最優秀作品一篇を選定してこれを二月二十五日までに所属各教育分会に送付す(五)第二次審査は各教育分会において三月一日迄に行ひ各々左記数の優秀作品を選定しこれを三月四日迄に長野市南県町信濃毎日新聞社編輯局宛送付す

南佐(一名)北佐(三名)
小県(三名)諏訪(三名)
上伊(四名)下伊(四名)
西筑(一名)東筑(三名)
南安(一名)北安(一名)
更級(一名)埴科(一名)
上高(一名)下高(一名)
上水(三名)下水(一名)
長野(一名)松本(一名)
上田(一名)岡谷(一名)
飯田(一名)諏訪(一名)

(六)最終審査は主催者において行ふ審査委員は県兵事厚生課、同視学課軍関係及び大日本教育会県支部に依嘱す(七)最優秀作品は三月八日以後本紙朝刊紙上に掲載す

郷土部隊一日入營規定

(一)各郡市教育分会において選定されたる綴方、「特攻隊」優秀作品執筆児童合計五十名を各郡市代表として三月十日陸軍記念日を期し東部第五十部隊に一日入営せしむ(二)郡市代表児童一日入営に関しては教育分会選定の代表訓導一名を監督者として入営せしむ(三)一日入営の児童及び引率者は三月九日午後松本市に集合一泊の上十日朝入営午後退営するものとし退営後松本市中を行進す(四)一日入営前日の宿舎、入営の順序、営内生活状況及び松本市中行進等の詳細については追て発表す(五)一日入営児童及び引率者の旅費宿泊は一切主催者において負担す

図22　2月7日付『信濃毎日新聞』

「「一億特攻精神」。僕等少国民は、何時も、此の言葉を胸にとゞめ、神国日本は必ず勝つ、との信念を持つて、此の大東亜戦争を勝抜かねばならない」（片桐校6年）という「少国民の覚悟」を表明する内容である。

　他の作品では次のような決意が示されている。

　戦ひは将にこれからだ。一日心にゆるみなく戦はう（新山校6年）

　特攻隊の後を継いで物量をたのむ敵米英をあくまでも撃滅する覚悟です（不明）

　僕も日本男子だ。特攻隊勇士の子供である。弟である。なんで父や兄のかたきを討たずに居られやうか（河南校6年）

　我れ我れは、昭和の楠公父子であり、第二の特攻隊である（箕輪校5年）

　第二次特攻隊はまさに私達なのであります（箕輪校6年）

　一方で、不思議なことに、神風特別攻撃隊の名前は列挙されているものの、特攻隊員の氏名は「関幸《ママ》男大尉」「関中佐」だけであり、「山桜隊」「八紘隊」など郷土出身、学校によっては先輩にあたる特攻兵の氏名を示した作品はない。東部50部隊に「一日入営」できるという、陸軍少年兵を志望する者には魅力的な特典を得るため、教師の指導を経たと思われる作品が多く、なかには本人に代わり担任が代書したものもある。

富県《とみがた》国民学校では、「先生を隊長にいただいて特別攻撃隊富県隊」を組織し、「先生に誓詞をしらへていただいて毎日昼の食前に声高く唱へ」たという。この作品では、「戦局は前線も銃後も一億総特攻隊となつて働かなくてはならない秋になりました」と現状を分析したのち、「僕も早く大きくなつて前線特攻隊の一員としてあのにくいにくい米英を思ふぞんぶんたたきつぶして、今は帰らない特攻隊の人々に恩返しをしたいと思って居ます」という「覚悟」で終わっている（富県国民学校6年）。

優秀作品や「特に優秀」な作品もまた、こうした内容のものであったと思われる。

激増する航空少年兵

陸軍少年兵志願者

『信濃毎日新聞』が敷島隊の偉勲に対する教育界の反応を初めて報じた昭和19年10月31日は、くしくも陸軍少年兵の出願締切り日であった。二面の下段には「陸軍少年兵けふ締切り　起て若桜　学科試験は行はず」という案内が掲載されている。

陸軍少年兵は、少年飛行兵、少年戦車兵、少年通信兵、少年野砲兵、少年重砲兵、少年高射兵、少年工科兵の7種。適齢者は、昭和2年4月2日から昭和6年4月1日出生の満14歳から18歳。志願書を連隊区司令部に提出する締切り日が、31日であったのだ。

図23は、締切り前に発行された『写真週報』第341号（10月4日）の表紙である。「来れ青少年！　陸軍少年兵」という特集ページには、「日本の命運を永遠に決する秋《とき》は今だ。それも航空決戦によつて決するのである。空の戦ひは実に青少年諸君の双肩にかゝつてゐる。奮起せよ青少年諸君！　決戦の大空へ速かに馳せ参ぜよ！」と陸軍航空本部の檄《げき》が掲載された。

図 23　陸軍少年兵募集（『写真週報』第 341 号、10 月 4 日）

敷島隊の公表は、陸軍少年兵の志望熱にいっそう拍車をかけた。とりわけ、昭和17年から少年航空兵の準備教育の色彩が濃い少年航空隊が国民学校に結成され、昭和18年4月に大津陸軍少年飛行兵学校、19年4月に大分陸軍少年飛行兵学校が新設されたことに象徴されるように少年飛行兵の志願者は、大幅に増加していた。
「僕らも生きた爆弾たらん」「忽ち三倍も殺到す　県下に沸《たぎ》る少年兵志願」という見出しを掲げた翌11月1日付『信濃毎日新聞』二面は、長野連隊区への出願状況を、募集を開始した9月頃は「やゝ低調」だったが、台湾東方航空戦の戦果が報じられると「俄然申込が殺到」「神風隊の発表の日二倍を突破」し、31日には「二千通以上の志願票が送り込まれ」、283％の「驚異的な記録」を示したと報じた。志願者の半数以上を長男が占めたという。そして読者に対し、次のように語りかけている。

彼等新人は何れも神風特別攻撃機隊たらんことを欲してゐるのだ。神風隊が南の空遠く機影を没するまで副長は腕を振り、整備兵はひれ伏して何時までも何時までもその姿を崩さなかつたといふ。神風隊の輝や綜合戦果を我等もひれ伏して聞くとともに、一人一人が神風隊たらんとする少年兵志願者の武運長久を祈念しやうではないか。

「陸軍少年兵募集結果」は、滝沢光雄の殊勲がラジオで公表された翌日の紙面（11月14日付二面）で伝えられた。「少年兵・目標の二倍」「飛行兵の一位は松本市の四倍」「中・国・青校の順で殺到」という見出しからうかがえるように、志願者は長野県目標の1・9倍に達し、地区別では松本市の4・8倍が最高（長野市3倍強、上田市3倍弱）、学校校種別では、中学校（主に2・3年）2・4倍、国民学校1・7倍、青年学校1・6倍であった。

長野県陸軍少年兵志願者の詮衡《せんこう》は、11月15日から一か月にわたり行われた。12月22日付『信濃毎日新聞』二面は、「「選」に係官も苦しむ」「志願者は前回の十倍も殺到」と伝え、志願者の65％が飛行兵志望であること、志願者は「神風特別攻撃隊に続けの意気を遺憾なく示し」「一死もつて祖国の礎となる心情が溢れて」いたと報じた。

海軍志願兵

海軍志願兵も大幅に増加した（図24）。

海軍志願兵は、水兵、水測兵、電信兵・電測兵、飛行兵・整備兵、機関兵、工作兵、衛生兵、軍楽兵、主計兵の9種。適齢者は兵種によって異なるが基本的には満14歳から満20歳である。

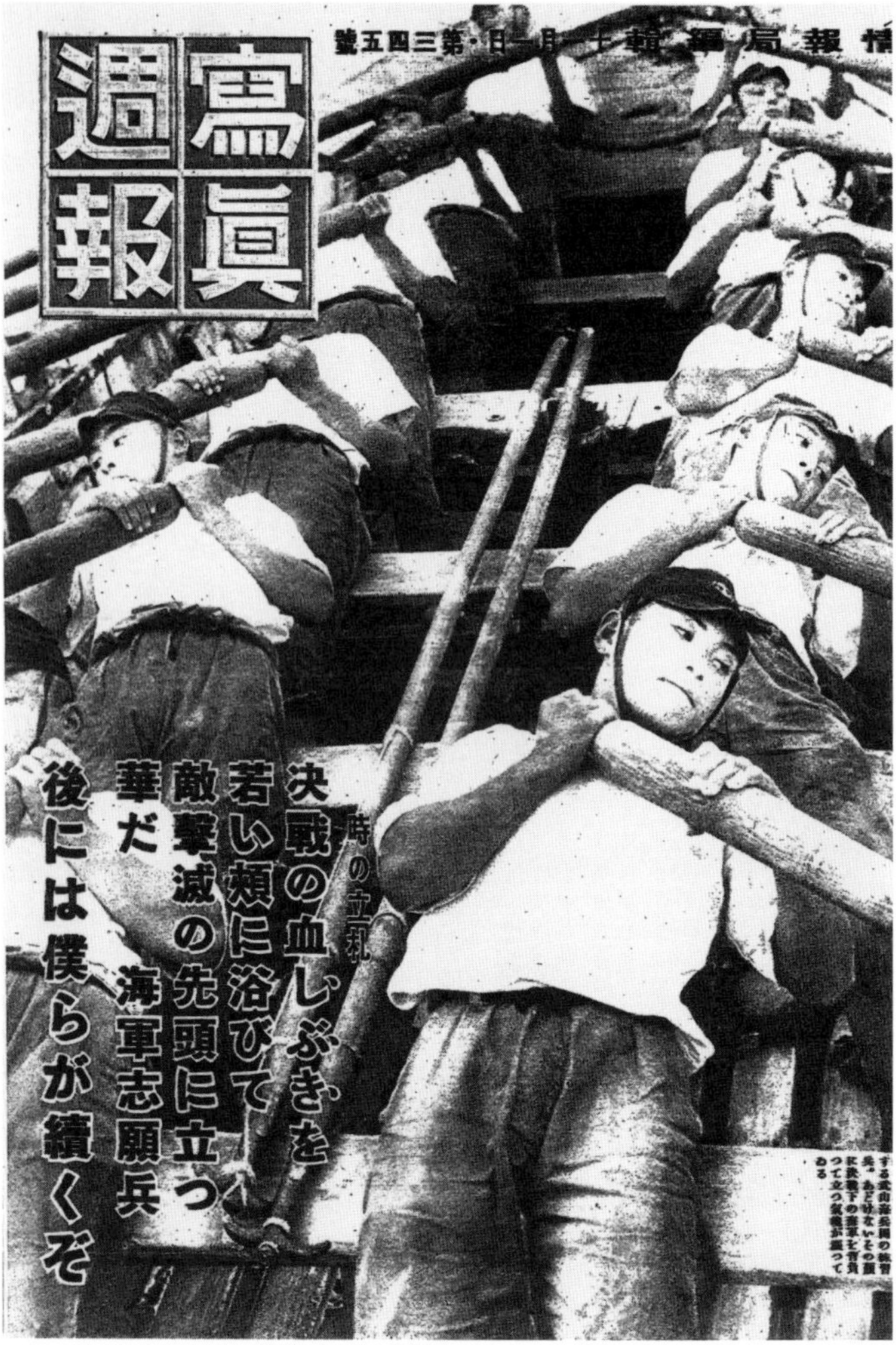

図 24　海軍志願兵募集（『写真週報』第 345 号、11 月 1 日）

11月23日付『信濃毎日新聞』二面は、「海軍志願兵に揚つた信州の凱歌」「合格率は第二位」「県下の一位は諏訪」という縦見出しのもと、昭和20年度の海軍志願兵徴募結果を、次のように報じた。

合格率は〝海兵信州〟の伝統に物云はせて横鎮〔横須賀鎮守府〕管下十七都府県中第二位の輝しい成績を獲得した。受験者に対する合格率は山梨県の第一位六十三パーセントに次いで六十一パーセント五である。今年の徴募は十六年以上の青少年に重点を置いたため他県と比較して合格率の低下を予想されてゐたにもかゝはらず、すばらしい成績を残したことは海軍信州の特色である。志願兵を出す場合厳選主義を採つたこと、志願した者には予備講習会を開いたこと、ともに一死報国の赤心に燃えたつ志願兵の牢固たる決意と市町村当局の熱意の賜物である。

市町村別合格率では、郡部では一位諏訪（74・6％）、二位下伊那、市部では一位諏訪（66・5％）、二位岡谷、三位飯田であったという。

報道は、海軍志願兵の増加を、「一死報国の赤心に燃えたつ志願兵の牢固たる決意と市町村当局の熱意の賜物」と報じている。たしかに、海軍志願兵の募集は、学校と市町村が一体となって行われたが、そこには温度差があったことにも留意したい。事実、昭和19年前期甲種予科練志願者29名を大町町長から割り当てられた大町中学校の対応は、次のようなものだったという。

学校当局は、この割当の消化に努力したが当初は数名の志願者しかなかった。ある教師は五年生全員を武道場に集め、声を大にし、熱涙を飛ばして叱咤激励し生徒の志願を呼びかけた結果、海兵や陸士など軍関係志願者を除いて皆で受けようということになった。しかし、身体の弱い者や、担任の指導があって、実際には二七名が受験することになった。大中への割当て二九名をほぼ満たす数となったのである。松本での受験結果は六名が合格した（『大町高校八十年史』）。

「本当に行く気のある者は真面目に受験したが、大半の者は視力や聴力などをごまかし、肺活量も加減した」という。大町中学は、滝沢光雄の同期であった野々山尚の母校である。中等学校のすべてが上田中学校のようなわけではなかったのである。

予科練を志望する者も増加し、募集は海軍ポスターだけでなく、新聞紙上でも行われた（図25）。「海軍甲種飛行予科練習生徴募」の記事が掲載された翌12月2日付『信濃毎日新聞』二面は、南佐久郡大日向《おおひなた》村（現佐久穂町）が満州に開設した満州大日向村の青年学校四年生（18歳）が、「大空への望みに燃え」、父親にも相談せずに予科練を受験、見事合格

図 25　12 月 1 日付『信濃毎日新聞』

したことを伝えた。こうしたこともあり、昭和20年4月入隊の甲種16期生は、滝沢光雄の甲種10期生の約22倍にあたる2万5000名を数えた。

満蒙開拓青少年義勇軍

陸軍少年兵や乙種予科練と同じく、国民学校高等科卒業（程度）者を供給源としたものに、満蒙開拓青少年義勇軍がある。

満蒙開拓青少年義勇軍制度は、国内の農村救済と満州（中国東北部）の治安維持という目的のもと、満州に人びとを入植させる満州移民政策の一つで、昭和12年11月30日、近衛文麿内閣の閣議決定により始まった国策である。

16歳から19歳までの身体強健かつ意志鞏固《きょうこ》な青少年を全国から都道府県で集め、茨城県東茨城郡下中妻村内原（現水戸市）に開設された満蒙開拓青少年義勇軍訓練所（内原訓練所）で約2、3か月、満州の現地訓練所（満州開拓青年義勇隊訓練所）で約3年間の訓練を行い、その後、義勇隊開拓団として現地に永住する農業者を養成する制度である。関東軍の軍事的要請もあって創設されたため、満州では青年義勇隊と呼ばれたが、国内では青少年義勇軍、あるいは「鍬《くわ》の戦士」と呼ばれていた。

創設当初の義勇軍対象者は、小学校高等科を卒業し、そのまま農村に居住する、応募適齢の上限に近い青少年であったが、日中戦争の長期化による動員や軍需産業における労働力需要により青少年の労働力争奪が激化すると、教育会が主導して高等科2年・青年学校生徒のなかから、義勇軍を志望する者、あるいは義勇軍にふさわしいと思う者を学校で選抜し、拓植・拓務訓練を実施。その修了者を中心にして、郡市単位で郷土小隊（60名）、府県単位で郷土中隊（300名）を編成し、中隊幹部もその郷土から採用するという郷土部隊編成運動として推進された（『満蒙開拓青少年義勇軍物語「鍬の戦士」の素顔』）。

この満蒙開拓青少年義勇軍を全国で最も多く送出したのが、長野県である。昭和17年4月現在の道府県別の義勇軍送出数を示した番付において、東日本では長野・山形・福島の各県、西日本では広島・熊本・山口の各県が横綱・大関・関脇を占めている（図26）。

満蒙開拓青少年義勇軍府縣別送出番附

（昭和十七年四月一日現在）

蒙御免

取締役　拓務省　開拓總局　長野縣

勸進元　滿蒙開拓青少年義勇軍本部

年寄　滿洲移住協會　滿洲拓植公社　南滿洲鐵道株式會社

番付	東	人数	番付	西	人数
横綱	長野	四、七六八	横綱	廣島	三、一六三
大關	山形	二、九二七	大關	熊本	二、一六三
關脇	福島	二、三〇六	關脇	山口	一、八三八
小結	靜岡	二、二四七	小結	香川	一、七四六
前頭	新潟	二、一二七	前頭	鳥取	一、六六四
同	栃木	二、〇四三	同	鹿兒島	一、五五〇
同	石川	二、〇〇九	同	愛媛	一、五四六
同	岐阜	一、八八二	同	岡山	一、四六九
前頭	茨城	一、五八四	前頭	德島	一、四〇八
同	宮城	一、五〇六	同	大阪	一、三六四
同	埼玉	一、四六六	同	兵庫	一、二四八
同	岩手	一、四二九	同	大分	一、二〇三
同	群馬	一、三九四	同	佐賀	一、一七四
同	山梨	一、二八六	同	和歌山	一、一四二
同	東京	一、二六三	同	京都	一、一三〇
同	福井	一、二五九	同	宮崎	一、一〇四
前頭	愛知	一、二一二	前頭	長崎	一、〇五四
同	青森	一、一二五	同	島根	九九五
同	富山	一、一三四	同	滋賀	九五四
同	北海道	九八〇	同	三重	九一一
同	秋田	九七二	同	高知	八四八
同	千葉	六〇〇	同	福岡	八一二
同	神奈川	二八三	同	奈良	八〇〇
同	朝鮮	二〇六	同	沖繩	五〇〇

図 26　「満蒙開拓青少年義勇軍府県別送出番付」昭和 17 年 4 月 1 日現在（『海の外』第 244 号、1942 年 8 月）。信濃海外協会が作成した「満蒙開拓青少年義勇軍府県別送出番付」。府県別だけでなく、長野県の郡市別送出番付も作成されている。

義勇軍と少年飛行兵

小学校高等科を卒業した後、中学校・師範学校・専門学校・実業専門学校など上級学校への進学の道が閉ざされた青少年にとって、陸軍少年兵、乙種予科練、義勇軍を志望するという進路選択は何を基準に行われたのだろうか。

陸軍少年兵や乙種予科練は誰もが憧れる進路であろう。だが、厳格な身体条件や難関な選抜試験が課せられ、訓練中の事故死や戦死という危険性がある。一方、義勇軍は、「内地」では果たせない「十町歩の地主」という夢が実現する世界であるが、家族と離れ「異国」での生活を余儀なくされる。

では、彼らの相談役となる教員は、「若鷲・荒鷲」／「鍬の戦士」という進路選択にどのように対応したのだろうか。

昭和16年10月14日に開かれた上伊那郡学校長会では、「卒業生職業指導ニ就イテ」は「第一ニ海軍志願兵　少年航空兵　戦車隊要員」「第二ニ義勇軍」「次ニ軍需工業方面労務者」の「順序ニヨリ優先充足ト決定」したという。

義勇軍については、郷土部隊編成運動の二年目にあたる昭和16年度、3個中隊（900名）送出を計画した長野県から60人を割り当てられた上伊那郡市の送出数は41人にすぎず、割当数を充足(68・3%)できなかった。しかも、当該年度の高等科2年男子卒業生(1万6506人)の「帰趨状況」は、上級学校進級者(3822人)、家事従事者(5846人)、青少年義勇軍(897人)、就職者(5941人)と、青少年義勇軍を志望する者は5・4%にすぎなかった(『満蒙開拓青少年義勇軍と信濃教育会』)。

こうした状況下で開かれた校長会において、割当数充当に迫られる義勇軍よりも、海軍志願兵、少年航空兵に対する進路指導が行われたのである(『伊那路』第63巻第8号)。

特攻精神の浸透

では、地域では、どのように対応したのだろうか。昭和19年7月1日に下水内郡秋津村(現飯山市)役場で開かれた常会の史料「七月ノ常会徹底事項」には、「六、青少年義勇軍ノ送出ニ努メマセウ」に対して「二人割当」、「七、海軍志願兵ノ送出ニ努メマセウ」に対して「六名国民学校生　十三名青年学校」と、鉛筆で「書き込み」がされている(「屋敷区有文書」)。

これまでも、常会での徹底事項には、「海軍志願兵の募集に就いて」「青少年義勇軍に就いて」が何度も記載されており、「青少年義勇軍ノ送出ニ努メマセウ」「海軍志願兵ノ送出ニ努メマセウ」の記載は従来通りである、だが、義勇軍よりも海軍志願兵の割り当てが多いことは注目される。「昭和一九年度甲種予科練生後期（第15期）募集」の締め切りが7月10日に迫っていたことも影響していると思われるが、地域でも陸海軍少年飛行兵の送出に関心が高かったことがうかがえる。

こうした傾向は、特攻以後、より顕著となる。昭和20年1月の「常会徹底事項」の第一項は、次のようなものとなった。

> 聖戦第四年、一億の体当りで突進しよう
>
> 日米決戦の真只中に聖戦第四年を迎へた。今こそ国土も戦場、一億が神風特別攻撃のあの精神、あの気魄をもつて生産戦に防空に体当りし、この年こそ醜敵撃摧《げきさい》の年とせねばならぬ。

こうして〝特攻精神〟は地域に浸透していく。

特攻賛美と特攻批判

昭和天皇の反応

「そのようにまでせねばならなかったのか。しかしよくやった」

これは、敷島隊が米航空母艦を撃沈した翌日の昭和19年10月26日、特攻の事実を奏上した及川古志郎《おいかわこしろう》軍令部総長に対し、昭和天皇が述べた言葉とされる。

一方で、「そのようにまでせねばならなかったのか……」のあとに、「まことに遺憾である」と特攻に反対する意思表示がなされたのち、「しかしよくやった」と述べたとか、米内《よない》光政海相が上奏した際には、「かくまでせねばならぬことは、まことに遺憾である」「神風特別攻撃隊はよくやった。隊員諸子には、哀惜の情にたえぬ」と述べたという話も伝えられている（『天皇と特攻隊』）。

「そのようにまでせねばならなかったのか」／「しかしよくやった」のどちらに昭和天皇の本心があったのかは、本当にこうした発言をしたのかを含めて定かではない。

一方、『昭和天皇実録』の昭和19年11月3日の項には、「昨日のレイテ湾における陸軍特別攻撃隊万朶隊による成果を御嘉賞《ごかしょう》」になるという記載が見える。「御嘉賞」——昭和天皇は航空特攻を「おほめ」になったことがわかる。

特攻賛美

　壮烈特別攻撃隊
待ちに待つたる撃滅の　神機はつひに来りたり
栄光《はえ》ある命、大君に　捧げて勇む羽搏《はばた》きや　若き特別攻撃隊
秋とはいへど南国の　みどり輝くレイテ湾
蟻とむらがる敵艦を　見おろす眼《まなこ》、火と燃えて、「おのれ、見てゐろ、いま行くぞ！」
けふに備へて鍛へたる　血潮ぞ、肉ぞ、魂ぞ
突込む翼狂ひなく　たちまち揚《あが》る火の柱　めざす巨艦は真二つ。
男一疋、大空に　操縦桿を執るからは
還らぬ覚悟、——晴々と　使命果して雲に散る　ああ若桜、若桜。
八重雲の中、今日もなほ　皇国を守る軍神《いくさがみ》。

聴け、おごそかに叫ぶなり　「続け、若人、日本の、必勝の道、空にあり」

これは、「特別攻撃隊」の特集号となった『航空少年』第22巻第1号（昭和20年1月1日発行）に掲載された西條八十の詩である。

詩に続くページでは、「輝く特別攻撃隊の戦果」（大本営・海軍省発表）、「特別攻撃隊の神鷲に続かむ」と題する予科練志願者の座談会、小学校時代の恩師による「偉勲万世に薫る特別攻撃隊　神鷲の少年時代」が掲載された。

西條八十に限らず多くの知識人が、特攻を賛美する文章や絵画を発表した（図27）。特攻に対する国民の熱狂ぶりを考えれば、本音はともかくも、特攻賛美の表現しかできなかったのかもしれない。

そうした状況下、「日記」という限られた表現空間とはいえ、堂々と特攻を批判した信州人がいた。清沢洌《きよし》である。

清沢洌『暗黒日記』

明治22年2月8日、南安曇郡北穂高村（現安曇野市）に生まれた清沢は、シアトル邦字新聞「北米時事」通信員を皮切りに、中外商業新報社（現日本経済新聞社）、朝日新聞社、

神鷲敷島隊《かみわししきしまたい》を謳《うた》ふ

佐藤春夫

神國《かみぐに》の海《うみ》の南《みなみ》に
寇《あだ》し入る仇《あだ》ほろぼすと
ますら男《を》は稜威《みいつ》の下《もと》に
神風《かみかぜ》をただにはまたじ
忠に生き忠には死なん
天地《あめつち》の神にぞ祈《いの》る
まごころを身に喚《よ》び集め
生死《いきしに》をはるかに越えて
ひたすらに高行《たかゆ》く時は
荒鷲の翼《つばさ》の下《した》に
神風の起《おこ》らさらめや
たまきはる命一つを
敵艦《あだぶね》の一つに代へて
かつ砕《くだ》きかつは砕《くだ》けん
命より名こそ惜しけれ
もののふの道一《ひと》すぢを
青雲《あをぐも》の外《そと》に求めて
機を待てる折もこそあれ
レイテ灣スルアン島《たう》の
東《ひがし》に好き敵ありと
神鷲《かみわし》の
敷島隊に
進發《しんぱつ》の令は下《くだ》りぬ
隊長は關大尉
散《ち》り競《きそ》ふ若樹《わかぎ》の櫻
中野《なかの》、谷《たに》、永峰《ながみね》、大黒《おほぐろ》
豫科練の猛者《もさ》にぞありける
敵《てき》の艦《ふね》見るより迅《はや》く
神業《かみわざ》に轟《とどろ》き起《おこ》る
龍巻《たつまき》のなかに沈めつ
ただなかに稲妻《いなづま》なして
益荒男《ますらを》の命《いのち》過ぎにき

註
○寇し入る仇ほろぼすと＝侵攻してくる仇敵アメリカ軍をほろぼさうと。
○ただにはまたじ＝ただぼんやりと待つてはゐない。
○まごころを身に喚び集め＝からだぢゆうをまごころにして。
○高行く時は＝空高く飛んでいくときは。
○起らさらめや＝起らないことがあらうか、きつと神風が起るのだ。
○たまきはる＝魂極まるといふ意味で、「命」といふ言葉のまへにつくかざり言葉。

画・村上松次郎

図 27　佐藤春夫「神鷲敷島隊を謳ふ」（『週刊少国民』第 3 巻第 45 号、昭和 19 年 11 月 12 日）

報知新聞社などでジャーナリストの道を歩んだ人物である。

開戦から一年後の昭和17年12月9日から、肺炎のため急逝する直前の昭和20年5月5日まで、日記帳三冊と表紙に筆で「戦争日記」と書いた大学ノート二冊に日記を記した。日記には、新聞記事の切り抜きが丹念に貼られ、必要箇所には主に赤インクで傍線が引かれた。切り抜き貼付は、戦局の苛烈化とともに増大し、大学ノートはあたかも新聞のスクラップ帳のような印象を与えるという。日記は、清沢の死後、『暗黒日記』として刊行された（『暗黒日記　戦争日記１９４２年12月〜１９４５年5月』）。

特攻に関する最初の記述は、昭和19年11月4日である。

神風特攻隊が、当局その他から大いに奨励されている。ガスリンを片方しか持って行かないのらしい。つまり、人生二十何年を「体当り」するために生きて来たわけだ。人命の粗末な使用振りも極まれり。しかも、こうして死んで行くのは立派な青年だけなのだ。

「人命の粗末な使用振りも極まれり」という記述から清沢の怒りがうかがえる。

続く11月14日は、「いわゆる体当りの記事、新聞とラジオの大半を占む。陸軍と海軍で、双方競争で特攻隊を吹聴す」という記述と同日付の『毎日新聞』記事切り抜きの後、「陸軍は万朶飛行隊だが、その後に「時宗」「聖武」「桜花」等続く。これに対し海軍は神風攻撃隊の中に左の如く小別す。いかにも一つの英雄物語りだ。名前の懐古的なことと、考え方の単純なるを見る」という記述に続き、同日付『日本産業経済新聞』記事切り抜きが貼られている。

11月23日

神風特攻隊が毎日比島方面で出動している旨、新聞は特報している。――朱雀隊出撃――第九聖武隊突入（レイテ湾敵船団体当り）―こうして、精神主義高調の結果が、人命を以て物質の代理をするに至ったのである。しかも何人も注意するものもなく、民衆、気がつかず。

「何人も注意するものもなく、民衆、気がつかず」。清沢の批判の矛先が陸海軍だけでなく特攻を賛美する人びとに向いていることがわかる。

12月12日

今日、午後一時二十二分、国内をあげて、伊勢大神宮に必勝祈願をした。小磯首相の提唱で、かねてから、そういう演説をしていた。神風を吹かせるようにというのである。二十世紀中期の科学戦を指導する日本の首相は神風をまき起す祈願を真面目にやる人なのである。ラジオ、また新聞は、毎日、毎日、特別攻撃隊のことを書き、放送している。体当り精神と事実との表彰、鼓吹である。

「国内をあげて、伊勢大神宮に必勝祈願」とは、二年前の同日に昭和天皇が伊勢神宮に必勝祈願をしたことを記念して、同時刻を期して行われた「一億総参拝」のことである。「神風をまき起す祈願を真面目にやる人」と小磯首相を痛烈に批判している。

昭和20年1月11日

「特攻精神」というのが毎日の新聞とラジオで高調している。日本には死の哲学があって生の哲学がないとはその通りだ。この結果、どこでも無理が行われて健康が害されつつある。

『暗黒日記』の記述から、特攻を敢行する軍部と特攻を賛美する民衆、新聞・ラジオ・雑誌などに対する清沢の強い怒りがひしひしと伝わってくる。

大佛《おさらぎ》次郎と伊藤整

日記は誰かに読まれる心配はない。だが、清沢のように堂々と特攻を批判するとは限らない。むしろ特攻を賛美する「日記」の方が多かったのではないだろうか。大佛次郎と伊藤整の日記を見てみよう。

大衆作家大佛次郎は、特攻を初めて知った10月28日、日記に次のように書いている。

> 夕方のラジオで神風特別攻撃隊の発表あり。V一号に乗って行った青年たちらしい。「一九才より二十四才の若もの他。」海ゆかばを聴いていて深く心を動かされる。若い人々だから一途《いちず》に夢中に成り得るし、またそうなる雰囲気にいるのである。しかしこう云う人たちに依って日本の歴史が作られて行くと云うことである。人の心をひき緊《し》める不思議さである。言葉では云い現し得ぬ。この事実の方が強く鋭どく、難有さと云うものさえ平然と蹴放し去っているのである。事実若しくは行動の世紀と云うのを慣用の意味よりも深く感じさせる（『大佛次郎敗戦日記』）。

「若い人々だから一途に夢中に成り得る」としても、「そうなる雰囲気」がどのようにして醸成されたのか。大佛はどのように感じていたのだろうか。

伊藤整が特攻に言及するのは、ラジオや新聞で発表があった翌日の29日である。「二十六日以来、比島の戦争のことで次々と放送を待ち、新聞を待つ気持ちのみ追われて過した」と書き出しているが、27日・28日の欄は空欄である。「帰還しない目的の飛行機を作っている」ことに言及した伊藤は、次のように記す。

これまでにあった自爆機は、帰還する力のないものの玉砕であったが、今度こそは、出発から、いな平素の訓練から自己を爆弾そのものと定めている人たちが現われたことなのだ。この話を新聞で読み、豊田長官の布告した感状を読み、私はからりと日常の執着を自分も脱し得たような気持となった。我々は、いよいよとなったら、何事も顧みず死ぬことが出来る。形あるもので何も惜しいものはない（『太平洋戦争日記（三）』）。

特攻報道を受けての高揚感が伝わる記述である。だが、翌日になると、いささかトーンが落ちる。

昨日貞子が高橋夫人から聞いたところでは、やっぱり我方は飛行機が足りないため、敵を徹底的にやっつけることが出来なかった。自爆未帰還は千機以上もあり、内地の飛行兵力を注入してしまった。敵もそのことを知っているので、或は内地への空襲が今後増大するかも知れぬ、とのこと。切角の大戦果にもかかわらず、このままずるずると敵がここに根拠地を造営してしまったら、あとは大変なことになるだろうに、と考えると居たたまれぬ気持である。今日も戦果の発表はないようだ（『太平洋戦争日記（三）』）。

情報源は不明であるが、「敵を徹底的にやっつけることが出来なかった」「自爆未帰還は千機以上もあり」など、航空特攻の〝実態〟を耳にし、「あとは大変なことになるだろう」と、空襲などの不安を素直に記している。

一方で、特攻に関する記述がほとんど見られない日記もある。

柳田国男『炭焼日記』

柳田国男は、昭和19年元日から翌年12月31日までの二年間、一日も欠かさず日記を記した。日記は、昭和33年11月に『炭焼日記』というタイトルで修道社から出版された。タイトルは、燃料にも事欠くようになった19年秋に自宅の隅に炭窯を造り、庭木を用いて炭焼を試みたが、結果的には失敗といわざるをえなかった10月14日から12月21日にかけての記述に由来する。

日記のなかで特攻隊に関する記述は次の二か所である。

一〇月二七日　金よう　朝から寒き雨　終日

二十四日以来比島東海の戦捷伝はる。漸く愁眉を開く。

一二月三日　日よう　好晴　霜深し

レイテ島に突撃隊を送りし報（十一月二十六日）新聞にのる。薫部隊といふもの。

日記によると、柳田は11月25日に上京した清沢と会っている。清沢の『暗黒日記』には、「東京都の講演を頼まれて成城に行く途中、警戒警報発令。ために中止。そこから加藤武雄君のところに行き、それから柳田国男氏を訪ぬ。頭巾を被って自分で出て来た柳田氏、それから奥さんが自らお茶を運ぶ」と記されている。

これに対し『炭焼日記』には、「清沢洌君はからず来、加藤武雄君同行。二人は懇親のよし。思はず時世をかたる」とある。柳田と清沢は「時世」を語っているようだが、特攻隊は話題にならなかったのだろうか。

特攻隊に対する清沢の批判が、特攻を行う陸海軍だけでなく、特攻隊を賛美する民衆やメディアに向けられているが、柳田にはそうした姿勢は見られない、むしろ特攻隊を支える民衆、とりわけ女性の力（「妹《いも》の力」）に期待していたように思われる。

柳田と特攻

特攻隊初出撃の約一年前の昭和18年、柳田は、信濃教育会東筑摩教育部会が7月から行っていた氏神信仰調査の指導者であった。アジア・太平洋戦争のさなか、しかも教育会会員の召集が続くなか、東筑摩教育部会下の国民学校と教員を動員して行われた氏神信仰調査には、次のような項目も含まれていた。

戦争と氏神さま

イ、出征の時この氏神さまでどのやうな祈願がありますか。（本人・家・部落）

ロ、この神社では守護のお守とかお砂とかさういつたものをお頒ちしますか。

ハ、出征中はどんな祈願をしますか。（日参の模様・戦勝祈願・武運長久祈願・傷痍軍人平癒祈願等も）

ニ、戦場では氏神さまのごりやくがあったといふやうな話がありますか。

ホ、帰還になつた時は氏神さまにどうしますか。

神のお旅

イ、氏神さまがいつどこへ何にお出かけになるといふことがありますか。

ロ、その時お送りの祭りはどんなことをしますか。

ハ、お留守中を何といひますか。

ニ、何時おかへりになりますか。お迎へにはどんなことをしますか。

調査に際しての講演で、柳田は次のように語った。

現在、兵士の大部分を供給してゐる農村とその兵士のうれひを同じうする家庭が神様のことを考へてゐるかゐないかは、まことに重大な事柄である。私の知る範囲では、この神様に対する信仰は戦争はじまつて以来めざめて来てゐると思ふ（中略）。果たして若し吾々の予期するごとく、この信仰が生きてゐるならば日本には軍神に続いていくらでも喜んで死んで行く人が出て来るであらう（中略）。この仕事は実に弾丸作り、弾丸みがきと同じく銃後後援の仕事である。

右からうかがえるように、氏神信仰調査は、「大東亜戦争」に不可欠な「神様に対する信仰」を知るための調査であり、柳田はこれを「弾丸作り」「銃後後援の仕事」とみなしていた（『柳田国男と信州地方史』）。

こうしたなかで柳田は、特攻隊に対する直接的な発言は慎重に避けながら、特攻隊の母について、次のように記している。

勇士烈士は日本には連続して現はれて居る。特に多数の中から選び出されるのでは無く、誰でも機に臨めば皆欣然《きんぜん》として、身を捧げ義に殉ずるだけの覚悟をもつて居る（中略）。古い戦史を読んで見ても、小さい区域でならば死に絶えるほど人が討死にをした例は幾らでもある。しかも其為に次の代の若者が、気弱くなつたといふ地方が無いのである。勇士烈士をして安んじて家を忘れしめ、子孫を自分の如く育て上げるだけの力が、後に残つた女性に在ることを信ぜしめて居たのである。今度はその証拠を算へ切れないほど我々は見出して居る。女性の職分は戦時に入つて、内外に非常に増大した。その上に又苦悩は多い。それにも拘らず、もうこの次のものは用意されて居るのである。深い感謝を寄せざるを得ない」（「特攻精神をはぐくむ者」）。

「誰でも機に臨めば皆欣然として、身を捧げ義に殉ずるだけの覚悟」をもった第二、第三の特攻隊を輩出するために、母親の力、女性の力がいかに不可欠かつ重要であるかを説いている。

柳田は、昭和21年4月に刊行した『先祖の話』のなかで、「国の為に戦つて死んだ若人だけは、何としても之に仏徒の謂ふ無縁ぼとけの列に、疎外して置くわけには行くまい」と記した。そこには若くして死んだ兵士の〝慰霊〟は見られても、そうした兵を生んだ戦争や特攻隊に対する批判的な精神はうかがえない。

特攻隊とは何だったのか

特攻隊員となる

出撃まで

特攻隊はいつ「特攻隊員」となったのだろうか。特攻隊が編成された時か、特攻隊員に指名された／志願した時か、いざ出撃の時か、特攻死した時か、それとも大本営・陸海軍布告の時か。

表7は、本書で言及した特攻隊員の出撃・特攻死までをまとめたものである（表7）

「行くのか！　行かんのか」

滝沢光雄を含む予科練甲種10期生が最初の神風特別攻撃隊となったのは、特攻隊の編成が決まったフィリピン第一航空艦隊隷下の第２０１海軍航空隊（２０１空）に甲種10期生が所属していたことと、特攻隊の編成を命じられ特攻隊員を指名した同隊副長の玉井浅一と甲種10期生との〝結びつき〟が強かったことによる。

実用機教程を終えた甲種10期（戦闘機）は、各地の航空隊に配属された。その一つであ

氏名	隊名	生年	出身	特攻隊結成／出撃
滝沢光雄	山桜隊	大正 15	甲飛 10	10月19日 第1神風特攻隊募集 10月20日 命名　指名 10月21日 敷島隊最初の出撃 10月22日 出撃—帰還 10月25日 特攻死
大井隆夫 増田憲一	八紘第6 石腸隊	大正 10 大正 8	陸士 57 少侯 24	11月5日 八紘第6編成(下志津) 11月19日 命名 12月5日 特攻死
春日元喜	八紘第11 皇魂隊	大正 10	仙台 8	11月13日 万朶隊報道 11月20日 八紘第11編成(鉾田) 12月23日 命名 1月6日 特攻死
由井勲 森史郎 村山周三	筑波隊	大正 10 大正 12 大正 12	学生 13 学生 14 丙飛 12	2月20日 結成　訓練命令(筑波) 2月28日 命名　指名(森) 3月28日 編成替　指名(村山、由井) 4月5日 鹿屋(第一陣) 4月6日 第1筑波隊 村山特攻死 4月16日 第3筑波隊 由井特攻死 5月11日 第5筑波隊 森特攻死
富内敬二	第4神雷 桜花隊	大正 13	愛媛 15	8月 募集 10月1日 編成(百里原) 11月11日 命名(神之池) 1月20日 鹿屋 3月21日 第1次神雷出撃 4月14日 第4次神雷出撃 特攻死
本島桂一	第69 振武隊	大正 12	特操 1	3月29日 編成(明野) 4月6日 知覧 4月12日 出撃断念 4月16日 特攻死

表7　特攻出撃まで

る第263海軍航空隊（263空、通称「豹」部隊）の司令が玉井であった。263空は玉井の指導のもと松山基地で訓練を重ね、マリアナ沖海戦を戦い、昭和19年7月に解隊、201空に配属される。

第一神風特別攻撃隊が編成されたとき、201空に配属された甲種10期生は、263空のほか、滝沢光雄が所属していた265空（「狼」部隊、笠ノ原基地）、342空（「隼」部隊、鹿児島基地）、253空（トラック）、254空（海南島）に配属されていた者たちであった。彼らは、中部太平洋方面を同期の屍を越えて転進、201空に配属された時、戦闘機220人の仲間はすでに63名になっていた。

大西第一航空艦隊司令長官が特攻を決定した10月19日夜、玉井は、負傷した者などを除く33名の甲種10期生を集め、零戦に250㌔爆弾を搭載した爆装戦闘機で一機一艦を葬る体当たり攻撃隊を募集する。第一航空艦隊の参謀だった猪口力平は、201空飛行長の中島正とともに著した、特攻に関する戦後初めての書籍である『神風特別攻撃隊』のなかで、玉井が次のように述べたと記している。

> 集合を命じて、戦局と長官の決心を説明したところ、感激に興奮して全員双手をあげての賛成である。かれらは若い。かれらはその心すべてを私のまえでは言いえなか

ったようすであるが、小さなランプひとつの薄暗い従兵室で、キラキラと目を光らして立派な決意を示していた顔つきは、いまでも私の眼底に残って忘れられない。

猪口も中島も、玉井と同じ特攻を命じる立場の者である。甲種10期生を前に、玉井が話したことを直接聞いていたわけでもない（しかも『神風特別攻撃隊』では「九期飛行練習生」と誤って記述されている）。「全員双手をあげて賛成した」という玉井の話を、そのまま書いているのである。

だが、その場にいた10期生の回想によると、これとは異なる光景と雰囲気であったという。「いいか！　貴様たちは、突っ込んでくれるか！」という玉井の言葉に、10期生は「言葉を失ったままでいた」。「体当りという異常な戦法」がいままさに実施されようとしている気配に「皆シュン」となっていた。

すると、玉井中佐が一〇期生たちを叱りつけるように大声でいった。「行くのか、行かんのか！」。その大喝に、全員が反射的に手を上げた。それは、「全員双手を上げて賛成した」というのではなく、不承不承手を上げたという格好であった（『敷島隊の五人』）。

玉井と苦楽をともにした「豹」部隊はともかく、２０１空で初めて玉井と副長－隊員という関係が生れた滝沢をはじめとする「狼」「隼」部隊のメンバーが、玉井の〝命令〟をどのように受け止めたのかわからない。だが、彼らは「心のすべてを」玉井に言えないまま、「反射的に手を上げた」。積極的に志願したのか、それとも、仕方なく手を挙げたのか。ともかく、「全員双手をあげての賛成」は「全員志願」と受け止められた。

同日深夜、甲種10期生が特攻隊に指名される。滝沢は、関行男敷島隊長が飛行隊長をつとめる戦闘301飛行隊に所属していた。指名された者は戦闘301飛行隊所属者が多く――飛行隊から数名特攻隊員を出せとの命令があったともいう――、戦闘301飛行隊のなかから技量の秀でた滝沢が指名された可能性が高い。

20日、神風特別攻撃隊命名式。大西は、「みんなは、もう命を捨てた神であるから、何の欲望もないであろう。ただ自分の体当りの戦果を知ることができないのが心残りであるに違いない。自分は必ずその戦果を上聞する。国民に代わって頼む。しっかりやってくれ」と述べた（『空と海の涯で』）。

21日、大和隊・敷島隊・朝日隊が出撃する。滝沢の初出撃は22日、特攻死は25日。特攻隊となってから6日後である。この間の滝沢の心境を推し測るものはない。

「必ず立派に仕遂げる覚悟」

次の手紙は、石腸隊の大井隆夫が、昭和19年11月25日、フィリピンから両親にあてたものである。

御両親様

最早や晩秋の候、其方《そちら》ではそろそろ涼気身に沁む頃と存じます（中略）。

小生勇躍前進基地ネグロス島に前進致します。無事目的地に到着、敵艦船と刺違えに散華《さんげ》し得るや、或いは途中敵戦闘機に喰わるるや、其れは一に運命、唯々万全を期して任務必達に邁進するのみであります。後続の同期生3名も只今到着、久々に内地の音信を受け破顔大笑。当地に参り、航士校時代の教官殿、或いは他部隊の同期生等勇ましい面々にも会いました。戦場に来れば全部が全部血の通った兄弟です。死ぬとか生きるとか、予科士官学校以来随分と思い悩み苦労したものですが、今にして思えば何と馬鹿苦労したものだと思われます。身に余る立派な任務。大命、あるのみです。殊に小生の死処は、言い様もない実に実に甲斐ある大御戦の焦点であります。小生嬉しくて嬉しくて、立派に、必ず立派に仕遂げる覚悟であります、

御両親様も屹度《きっと》御満足遊《あそ》ばさるる事と確信し、小生只今より楽しみに致し、更に心

身の鞏化を計り居ります（中略）。
　では御両親様、行ってまいります。さようなら。
　一降下一撃沈
　　皇国《すめぐに》の運命《さだめ》を負ひて征く桜花《はな》の　蕾ぞ散りて甲斐はありける
　十一月二十五日　ポーラックにて
（『生き残り特攻隊員の手記　長い日日』）

　陸軍特攻の八紘第6隊（石腸隊）の編成が下命されたのは、11月5日。陸士卒業と同時に入校した下志津陸軍飛行学校（のち教導飛行師団）での訓練を修了し、九九式軍偵察機（軍偵）操縦者となった二週間後のことである。先述のように八紘隊各隊は12名で編成されたが、石腸隊は18名。同期の桜と師弟からなる特攻隊となった。

　11月8日、第一陣11機が銚子高等女学校（現銚子高校）から動員された女子挺身隊員らに見送られながら銚子飛行場を離陸。知覧・伊江島・石垣島・花蓮などを経て、ポーラックへ移動、250キロが限度の軍偵に500キロ爆弾を積んで離着陸訓練をする。19日、石腸隊と命名され、25日に遅れていた第二陣が到着する。

　大井が両親に手紙を認めたのは、空襲・事故・整備不良により特攻機が全機準備されていないなか、石腸隊の出撃期が迫ってきたと感じたためと思われる。文面から、陸士出身者ならではの矜持《きょうじ》がうかがえる。

石腸隊は12月5日以降、翌昭和20年1月8日までの間、七次に分かれて出撃した。特攻機の準備がつき次第、逐次出撃したのである。増田憲一と大井隆夫の〝師弟〟は12月5日出撃、特攻死した。くしくも、特攻隊となったひと月後のことである（『陸士五七期航空誌　分科編』）。

「僕も行くな」

なんにも知らずに家へ帰りました。すると、その日に万朶隊の発表です。その時、はじめて、僕も行くなと感じました。それで、ほんとのことを云つたら、またおふくろに泣かれると思つて、冗談めかして、僕も体当りをするかも知れんと云って居つたんですが、最後の日になつたら、ほんとのことをほのめかしてかへるつもりで居つたんです。ところが、どうしても云へなくてね。ほかの家から電報をうつて帰隊しました。その前に、家を出る時に、どうかして覚悟をさせようと思つて、十二月になつたら、ラヂオのスヰツチを入れといてくれと云つて出て来たら、途中で、おふくろが感づいたらしいんですよ。急いで家を出て、駅へ行く途中で、おふくろがうしろから追ひかけて来て、私の名を呼ぶんですよ。つかまつたらかなはんと思つて、とつとこつちは駈け出して来たんですが、こんなことなら、よくわけを云つて、落ちつかせて来た方がよかつたですよ（『文藝春秋』第32巻第2号、昭和20年2月）。

右の文章は、昭和20年1月6日、八紘第11皇魂隊として出撃した春日元喜が、鉾田教導飛行師団で皇魂隊と「前後三日間、寝食を共にし、その心境、生活をつぶさに」取材した従軍記者の中野実に話したものである。

春日は、陸軍最初の万朶隊の報道を休暇により帰省した実家で耳にした。11月13日と推測される。「僕も行くな」という春日の予感は、三日後に現実となる。八紘第11隊の編成は、万朶隊と同じ鉾田教導飛行師団で16日から始まり20日に完了。中野の取材が行われた二日後の29日に、12名の隊員は鉾田を離陸、12月23日、ルソン島のクラーク飛行場に到着。八紘第11隊は皇魂隊と命名される。翌年1月6日午後6時、春日は皇魂隊の先陣を切って二式複座戦闘機・屠龍で出撃、特攻死した。

中野は春日の印象を、「鋭角的な、一見都会の学生らしい風貌であるが、きさくな人懐つこい人だ。やはり頬が蒼白い」「七生報国の信念に生きてゐる」と述べ、「冗談を言ひながら、死地につくことの出来る人を私は、いま、現実に見てゐるのだ」と記している

（『主婦之友』第26巻第2号、昭和20年2月）。

「俺も行くぞ、しっかりやれよ」

これは、4月14日、第4次神風桜花特別攻撃隊神雷部隊の桜花隊として出撃、母機もろとも特攻死した富内敬二（一飛曹）が、二日前に出撃した逓信省愛媛地方航空機乗員養成所同期の山田力也を見送った時に交わした言葉である。

愛媛地方航空機乗員養成所を卒業（14期）した富内と山田は、第15期海軍飛行科甲種予備練習生として、同じ基地内の詫間海軍航空隊西条分遣隊に入隊して基礎訓練を受けた。

予備練習生とは、逓信省が海軍に委託した予備士官候補生のことである。大正13年に飛行科第1期生が霞ヶ浦空に入隊し、12期生からは逓信省航空機乗員養成所で訓練を受けた。愛媛航空機乗員養成所は、昭和17年4月に開設された海軍系の陸上機操縦専修の養成所である。教育は予科練方式であったが、養成所の施設・生徒舎・服装が他の養成所と規格が同じ陸軍系のものであったため、飛行帽に縫い付けられた星のマークを取り除くよう指示があったという。陸軍の飛行帽を被った練習生を海軍の三式初歩練習機や九三式中間練習機に乗せて教えるのは、教官（海軍搭乗員）としての誇りが許さなかったと思われる。陸軍の飛行服に、海軍のライフ・ジャケット（救命胴衣）をつけた姿が、愛媛や長崎、福山（広島県）の海軍系乗員養成所で見られ、「陸装海魂」といわれたという（『別冊一億人の昭和史　予科練』）。

その後二人は、姫路海軍航空隊に移動、実戦を模した訓練を受ける。この時、のちに桜花搭乗員と判明する募集に応募し、神雷部隊に配属された。

桜花隊員は家族との面会を一回許された。父親の赴任先の釜山《プサン》から神之池基地に駆けつけた山田の母親と弟は、昼間見た桜花投下訓練の様子を不思議に思い、「あれは何ですか」と旅館の仲居に聞いたところ、「神様です」のひとことですべてを察した。その日の晩、母親から「お前は特攻で死ぬのだろう、死ぬなら死ぬと言え」と問いつめられた山田は、「俺は長男だ。絶対死ぬようなことはしない」と答え、ひと晩押し問答を繰り返したという。桜花搭乗員の選考では、妻帯者・長男・ひとり息子が対象から除かれたというが、山田のようなケースも存在している。本人の強い意思があったのかもしれない（『神雷部隊始末記』）。

この頃、日本映画社の撮影班が鹿屋特攻基地で特攻隊出撃を撮影しており、6月9日封切りの『日本ニュース』第252号（昭和20年6月9日号）には、山田が富内に笑顔を見せながら桜花を懸吊した一式陸攻に向かうシーンが記録されている（図28）。

山田が出撃した晩、富内は山田から託された両親あての手紙と形見のマフラーと日の丸を、山田が親しくしていた吉本家に届ける。吉本家の人びとは、「その日のうちに帰るという富内を無理やりに引き留め、戦時下のわずかな食料で歓待して翌朝出立を見送った」。この日書かれた山田の両親にあてた富内の手紙には「編成が異なり一日遅れましたが明日は小生もいきます」と書かれていたという（『神雷部隊始末記』）。

第４次神風桜花特別攻撃隊神雷部隊は、４月14日午前11時30分から７機が順次鹿屋を出撃し、沖縄東方海上の敵艦攻撃に向かった。一式陸攻（桜花）が９機準備されたが、２機が地上で接触し出撃出来ず７機となった。直掩の零戦隊と紫電隊はトラブルにより全機が引き返したため、直掩がないままの出撃となった。

富内が搭乗した一式陸攻（二番機）には、酒井利男（飛長・下諏訪町出身）が電信員として同乗していた。また、別の一式陸攻には、澤柳彦士（偵察・現飯田市出身）・竹内秀雄（偵察・現小布施町出身）・高橋貞浪（整備・現松本市明科出身）・林芳市（電信・現南木曽町出身）が搭乗していた。海軍特攻の桜花隊員と、攻撃後は戦果を見届けて基地に帰投し再出撃する陸攻隊員との相互の交流は、ほとんどなかった。ある隊員は、「桜花隊は

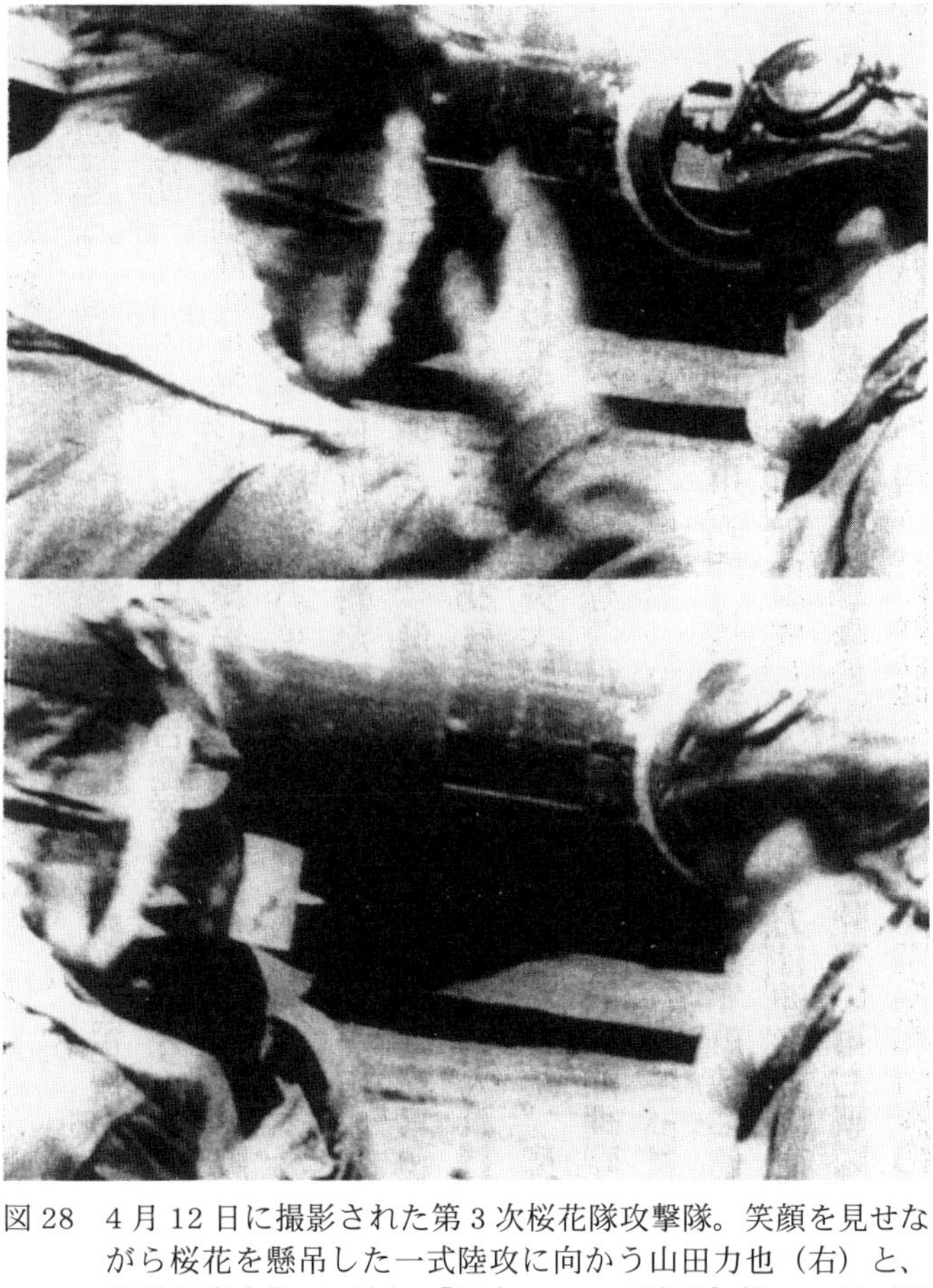

図 28　4 月 12 日に撮影された第 3 次桜花隊攻撃隊。笑顔を見せながら桜花を懸吊した一式陸攻に向かう山田力也（右）と、見送る富内敬二（左）。『日本ニュース映画』第 252 号（昭和 20 年 6 月 9 日号）のワンシーン（『神雷部隊始末記』）

出撃すれば必ず死ぬ決死隊、それに対し陸攻隊は桜花を投下して帰ってくるだけ」。そんな引け目もあって、桜花隊の同期生にも「会いに行けなかった」と述べている（『一式陸攻戦史』）。

桜花隊員の名簿は前夜に陸攻隊に渡されたというが、出撃時に初めて対面することが多く、桜花隊員は「よろしくお願いします」と挨拶を済ませ、「陸攻の8人目のペアとなった」（『神雷部隊始末記』）。

富内と酒井、三番機に同乗した竹内と林は、身分・階級を超え、同郷信州人として言葉を交わすことはあったのだろうか。

「全員〝熱望〟に○をつけてくれ……」

練習航空隊であった筑波空で、特攻要員の募集が行われたのは、昭和20年2月初旬であった。中野忠二郎司令から特攻隊募集の命を受けた横山保飛行長は、飛行隊長・分隊長を集め、沖縄の戦況を説明した後、次のように述べたという。

このままの戦況で推移すれば、近く本土決戦も免れることはできない。そのときこそは、われわれ全員が特攻となるときなのである。今回の特攻隊員は、その先兵となる人たちである。各分隊長は、このことを搭乗員に話し、もしも志願するものがあったら、氏名を報告してもらいたい。絶対に強制してはいけない。志願者は個人ごとに内密で分隊長のところへ申し出させるように。とくに家庭の事情、身体状況などにより、むりと思われるものは、本人が志願しても選考からはずしてもらいたい（『あゝ零戦一代』）。

戦闘機搭乗員のキャリアが長い中野と横山は、特攻隊編成の内命に納得せず、軍令部に反対の意思表示を行ったといわれるが、分隊長らの受け止め方は異なっていた。

「われわれ予備学生のなかで、一名でも特攻を〝希望セズ〟という者が出たら、それは予備学生全員の恥晒《はじさら》しだ。教官殿は、強制ではなく志望だと言われたが、全員〝熱望〟に○をつけてくれ……」。そう発言したのは、学生長。間もなく、白封筒に入った「特攻志願票」が配られた。「志願票」は「（1）熱望、（2）希望、（3）希望セズ」が、ガリ版で刷りこんであった（『消えた春』）。

2月20日、特攻訓練の命令が出され、28日、筑波隊と命名された。特攻要員に選ばれた64名は、予備学生13期出身教官と訓練中の予備学生14期生。飛行時間は２００～２５０時間、零戦での飛行時間は１００時間足らずの若いパイロットであった。現野沢温泉村出身で学生14期の森史郎はその中の一人である。

3月28日、14期生の突入訓練が間に合わないため、すぐに出撃可能な海兵出身者や下士官搭乗員が組み込まれ、筑波隊は総勢84人（13隊）となる。村山周三（丙飛12期・現飯山市出身）と由井勲（学生13期・川上村出身）は、このとき新たに指名される。

沖縄戦が始まると、4月5日、筑波隊第一陣20名が訓練半ばで鹿屋特攻基地へ進出。各隊4名で一番機から三番機が13期生、四番機が予科練出身者であった。翌6日、零戦に250キロ爆弾を搭載して、村山周三ら第1筑波隊16名が出撃する。由井勲は4月16日、第3筑波隊（二次）として、森史郎は5月11日、第5筑波隊として出撃、特攻死した。

「今日ね、爆弾が落ちて行かれなかった」

沖縄特攻の出撃基地となった知覧飛行場では、昭和20年3月27日から4月18日までの23日間、知覧高等女学校（現薩南工業高校）生徒が特攻隊員の身の回りの世話などの奉仕作業を行った。その一人で、特別攻撃隊担当となった3年生の前田笙子（15歳）は、自身の行動や心情だけでなく、接した特攻隊員の人柄・言動や隊員間の人間関係、出撃状況などを「特攻日記」と題した日記に詳細に綴った（『群青』『新編知覧特別攻撃隊』）。

この「特攻日記」に、4月16日に出撃、特攻死した第69振武隊の本島桂一がしばしば登場する。

特操1期生の本島は、昭和18年10月に大刀洗陸軍飛行学校に入校（6か月）、第18教育飛行隊実施部隊（4か月）を経て、昭和19年8月、明野飛行隊付となる。昭和20年3月29日、第69振武隊（12名）が編成され、高松・菊池（熊本県菊池市）飛行場を経由し、4月6日、知覧基地に到着した。隊長の池田亨は、陸軍士官学校で石腸隊の大井隆夫と同期（57期）であった。

「特攻日記」に本島の名前が登場するは4月8日からである。

四月八日　本島さん、椿とつゝじの花を下さる。今頃つゝじの花がと皆で珍らしがって松の木にさす。これが枯れたら本島さんが出撃なさって体当たりなさったときよと話し合ってさす（後略）。

四月十日　今朝中に仕事をすませて午後より慰問団の舞踊を見物に行く。池田隊長、岡安、本島、渡井さんと共に早いので小高い畠に遊びに行く。「空から轟沈」のうたを高らかにうたふ。無口な隊長さんまでが無邪気に唄われる（後略）。

四月十一日　午前中、洗濯、縫物、掃除をすまして食事の後片附けも終へ、午後から同部隊の特攻機が五機つく筈なので迎へに行く。戦闘指揮所で隊長、本島、岡安、渡井さんと共にまつ中二機着陸する。隊長さん事の外お喜び、二人の部下の方々も大へんよろこんで居られた。今から出撃までお世話になるからとあいさつをなさる。「明日出撃だ。お前達もくる早々征くか」とおっしゃると「一しょに征きます」と元気なころでおっしゃる。その晩二〇振武隊、六十九振武隊、三〇振武隊のお別れの会が食堂であった（後略）。

4月12日。前田が、出撃する第69振武隊を見送り、兵舎に戻ろうとすると、出撃したはずの本島と渡井と行き会う。

本島さんは男泣きになきながら「どうしたの」とおききすると「今日ね、爆弾が落ちて行かれなかった。隊長さんの所へ行くと（本島、後からこいよ。俺はあの世で一足先きに行って待ってをるぞ）と言はれたんだ。思はず残念で隊長機の飛び去って居った後、一人で思ふ存分泣いた」とのこと。

本島機は出発線に向かう途中で爆弾が脱落し、出撃できなかったのである。この日、知覧に到着した後続部隊の一人である堀井が、沈痛な雰囲気を晴らすために冗談を言っても、本島は「只ぼんやりときいていらっしゃるだけだった。「本島、本島」と部下愛の深かった隊長さんを思ひ出すと泣けるから黙ってゐてくれとおっしゃる。立派な隊長さんと一緒に体当り出来ず又第二次総攻撃に参加出来なかったのが残念だったことでせう」と、前田は本島の心情を推察している。

「いよいよ出撃だ」

四月十五日　明日の出撃にそなへて大変忙がしい。遺品の包方、後片附、お掃除など。本島さんよりお願ひされてマスコット人形を二つ差し上げる。明日は隊長の後を追ってあの世へ征けると大変喜んでゐらっしゃった。本島少尉殿は小さいときお母様を失はれたそうで私にも母が無いことを知って大へん同情して下さって「母無き後は母変《ママ》りとなってよき姉として強く生きるんだよ」と教へて下さった。慰問団くる。

この日の記述はこれだけである。だが、陸軍報道班員として知覧に滞在した高木俊朗が、『週刊朝日』昭和39年11月13日号～40年7月30日号に連載した「知覧」（のちに『知覧』『特攻基地知覧』として書籍化）には、「四月十五日の日記」は、次のように書かれている。

四月十五日　明日、第三回の総攻撃ということで、飛行場は大変なあわただしさ。本島さんにたのまれていたマスコット人形を二つ、さしあげる。「あすは、隊長のあとを追って、あの世に行ける」と、喜んでいらっしゃった。本島さんは、小さい時、おかあさまを亡くされたそうで、私の母のないことを知って、同情して、「おかあさんのかわりになって、弟のせわをして、よい姉として、強く生きるんだよ」と、教えてくださった。十二日に出撃できなくて、それから、ますます口数のすくなくなっていた本島さんだった。それだけに、しみじみとした話だった。

夕食の準備を終って、私は松林のなかに立って、夜空を仰いでいた。急に、うしろで、くつ音がした。ふり返ろうとした時、私の右手を握られた。男の人の手なので、飛びあがるほど、おどろいた。ふりむくと、本島さんだった。本島さんは、両手で握っていたが、すぐに離した。私の手には、一枚の固い紙が残されていた。本島さんは、特徴のある、右手を軽くまげた挙手の礼をして、だまって静かに去って行かれた。残して行ったのは、本島さんの写真だった（『特攻基地知覧』）。

『特攻基地知覧』の「あとがき」には、本文に引用した当時の遺書、日記、手紙などは「すべて残されていた実物によった」と書かれているから、読者は「特攻日記」の記述と思うだろう。だが、文章は日記とは異なる。日記には書かれなかった「夕食後」以降の出来事は、事実であったのか、高木の創作であったのかは分からない。

四月十六日　今日はいよ〳〵出撃だ（中略）。自分達の受持ちの方々を探してゐると本島さんがひょっこり「お早う」と声をかけられる。「六十九振武隊集合」と本島さん。皆集まられて最後の話にふけることしばし。本島さんは隊長さんに戴いた菊水の鉢巻をし、渡井さん、堀井さん「たすき」をしていらっしゃる。散りかけた八重桜を差上げると大へんよろこばれた。二つのマスコットのうち一つを愛機に、一つを歩行時計へぶらさげられたとのこと。自動車で出発線のところまで行かれる。渡辺さん見えなくなるまでハンカチを振られる。滑走を始めた飛行機が次々と離陸する。東の空が少し白みかける頃だった。薄暗い中にも少しはっきりと「もとしま」と書いた飛行機が飛び立つ。ア、本島さんだ……と思ふとすぐ「わたゐ」、堀井機が飛ぶ。三機編隊を組んで飛んで行く。

第69振武隊は、本島と中山・渡辺・河村・堀井・渡井少尉の計7名が出撃した。だが、本島・河村以外は知覧に引き返す。

そうすると征かれた方は本島さんと……河村さん……二人丈、どんなことがあっても今日は征くと言って張切っていらっしゃった御二人。午前九時半、本島、河村さん無事体当りなさった頃、南へ向かって黙たふを捧ぐ。今でも元気な声で「空から轟沈」を唄ふ本島さんの声がきこえる様だ。

本島に関する日記の記述はこれで終わる。

3月29日に編成された第69振武隊が知覧特攻基地へ移動したのは4月6日。最初の出陣は4月12日、二度目の出陣が16日。本島にとって知覧での10日間は、前田の日記からうかがえるように、地元の高等女学校生徒との淡い交流の日々でもあった。

知覧高等女学校生徒の奉仕作業は、「今当分特攻隊の方がいらっしゃらぬから明日からお休みとのこと」という理由により4月18日で終了。前田の日記もこの日で終わる。

17日から五日間出撃はなかったが、22日から陸軍では第四次航空総攻撃、海軍では菊水四号作戦が発動され、知覧から特攻機が出撃している。だが、奉仕作業は再開されなかった。「特攻隊員に女学生への未練が残り、途中で引き返して来る隊員が多いと憲兵隊が疑いを持った」「激しい空襲の続く飛行場に、女学生をおいておくことはできない」などが理由とされている（『遺書１４３通』）。

遺書は語る

「特攻隊のパイロットは一器械に過ぎぬ」

特攻隊員が記した遺書・所感は、特攻隊編成から出撃まで、特攻死への道を歩むなかで書かれたものが多い。特攻隊員にとって遺書は、生の証明であり、死への旅立ちを認めたものである。

航空特攻隊員の遺書で最も有名なものは、第56振武隊員として特攻死した上原良司の遺書であろう。

上原は、大正11年9月27日、北安曇郡七貴《なき》村（現池田町）に生まれ、松本中学（現松本深志高校）を卒業後、松本高校（現信州大学）を受験するが不合格。一年間の浪人生活を経て、昭和16年4月、慶應義塾大学経済学部予科に入学した。

この年、大学の数は帝国・官公・私立大学合わせて47校で、大学進学率はわずか2％、大学予科・高校・専門学校などを加えても約3％にすぎない。予科の入学資格は中学4年修了（16歳）以上で、4年修了組から2年遅れて入学した上原は18歳であった。

昭和18年9月、修業年限が半年短縮された予科を二年半で終え、翌10月から慶應義塾大学に進学する上原が耳にしたのは、22日夜7時30分のラジオから流れる文科系学徒に対する徴兵猶予の停止を発表する東条英機の演説であった。その直後、上原は「遺書　父上様、並ビニ母上様」で始まり、「ソレデハ御元気デ、クレグレモ御身大切に。昭和拾八年九月廿二日、夜、九時　良司」で終わる「遺書」を書いた。

出陣学徒壮行会を経て、12月、松本の東部第50部隊に入隊する。二人の兄と同じ念願の慶應義塾大学本科での学びは、わずか二か月足らずであった。翌年2月、特別操縦見習士官（特操2期）に志願・合格し、熊谷陸軍飛行学校相模教育隊で地上準備教育・基本操縦教育を修めた後、第40教育飛行隊（知覧飛行場）で分科基本操縦教育、第11錬成飛行隊（目達原《めたばる》飛行場）で錬成教育を受ける。昭和20年3月特攻を志願し、4月に常陸教導飛行師団に配属され、同師団で編成された第56振武隊で知覧特攻基地に進出、5月11日午前6時5分出撃、特攻死する。22歳であった。

知的で文化的な家庭、自由や自治を校風とする松本中学、教養主義・人格主義・自由主義の雰囲気が漂う慶應義塾大学予科・本科での学生生活。戦争が緊迫しなければ、学徒出陣がなければ続いたはずの学生生活。志なかばで特攻隊となった学徒兵に対する同情は今なお強い。

しかし、小学校高等科・中学校卒業後、上級学校への進学の道を閉ざされた上原と同世代の男子は、陸海軍を志願した者を除き、上原が予科2年の4月に徴兵検査を受け、召集されていたことを忘れてはならない。徴兵適齢を理由に自ら軍隊に入隊した学徒兵よりも、繰り上げ卒業・学徒出陣まで学生生活を謳歌した学徒兵の方が多かったと思われる。学徒兵は特別な存在だったのである。

上原の遺書は、昭和18年9月22日に書いた「遺書」（第一の遺書）の他に、特攻出撃前の最後の帰郷時（昭和20年4月上旬）に記し、自宅の大学記念アルバムに挟んで残した遺書（第二の遺書）と、出撃前夜に陸軍報道班員高木俊朗の求めに応じて「偽らぬ心境」を記した「所感」（第三の遺書）の三種類が存在する（「「特攻隊員・上原良司」の誕生」）。

なかでも、「空の特攻隊のパイロットは一器械に過ぎぬ」「明日は自由主義者が一人この世界から去って行きます」と書かれた「所感」は、戦没学徒の遺稿集である『新版　きけわだつみのこえ』の巻頭に掲載され現在も読まれ、「自由主義者」上原良司の名を広く知らしめている。

三種類の遺書のうち、特攻隊員としての上原が書いたものは、第二の遺書と「所感」である。だが、特攻出撃前の最後の帰郷とはいえ、まだ第56振武隊が編成されていない時期の第二の遺書と出撃前夜という切迫した状況のなかで記した「所感」とは、その趣が大きく異なる。空中勤務者として「毎日毎日が死を前提とした生活を送」るなか、故郷で書かれた第二の遺書は、「生を享《う》けてより二十数年何一つ不自由なく育てられた私は幸福でした。温かき御両親の愛の下、良き兄妹の勉励により、私は楽しい日を送る事ができました」という書き出しに象徴されるように、両親や兄妹に対する感謝の思いが前面に出た遺書であるのに対し、「自分自身を「彼」と呼び、客観視」する「所感」は、第二の遺書にある「日本の自由、独立のため、喜んで、命を捧げ」るという、学徒出身の特攻隊員たちが自分なりに探し求めていた「死」に対する「積極的な意義付け」から「解放されている」(『キャンパスの戦争』)。

特攻隊員は様々の遺書を残した。しかし、その内実もまた様々である。上原と同じく詳細な遺書を記した者、簡単な遺書を書き残した者もいれば、遺書を残さなかった特攻隊員、遺書を書く時間的・精神的な余裕すらなく出撃した特攻隊員、遺書を書くことを強要された特攻隊員もいる。

「喜んで征って参ります」

お父さん、お母さん。私は天皇陛下の子として、お父さんお母さんの子として、立派に死んでいきます。喜んで征って参ります。

では、お体を大切にお暮し下さい。

さようなら

父上、母上様

この短い文章は、敷島隊二番機の中野盤雄（戸籍名は磐雄であるが、横須賀鎮守府入団の時に人事担当者が盤雄と誤記）が10月に認めた「絶筆」（遺書）である。

中野は、滝沢光雄と同じ戦闘３０１飛行隊に所属していたから、二人は土浦空以来の「同期の桜」である。中野は、土浦空に入隊した直後の5月、父母あてに書簡を送っている。

拝啓　長らくご無沙汰して申訳けありません。父上母上の、より元気で働いておられる姿が、目に見えるやうな気がします（中略）。僕が立派な日本海軍航空兵として一人前になった暁には、必ずお父さん、お母さんを呼んで、安楽な生活をさせますよ。待ってゐて下さい。僕達は、いよいよ特別教育も終りになりました。今日臨時大祭で休みで、この手紙を書いた次第です。明日は行軍です。特別教育もあと一日で終るのです。今までやってきたことを振返ってみますと、夢のやうです。来月は飛行機が、一つ腕につきます（中略）。これからが僕達の、本当の自分の力をだす時なのです。お父さんに誓ったあの言葉の通り、必ずやりとげますから、待ってゐて下さい（中略）。お父さん、お母さんには、お体を大切に、あまり無理をしないようにして下さい。

父上、母上様

「長らくご無沙汰」といっても入隊後ひと月である。文中の「特別教育」とは入隊後一か月行われる新兵教育、「臨時大祭」は靖国神社例大祭、あるいは霞ヶ浦神社鎮座祭である。「飛行機が、一つ腕につきます」とは、甲種10期生は5月1日に海軍三等飛行兵に進級し、制服につけた飛行兵であることを示す「官職区分章」が丸に飛行機が1機あしらわれたデザインであることから、こうした表現になったものと考えられる。

「一人前になった暁」には「安楽な生活」と書いているが、中野は「一人前になった暁」に神風特別攻撃隊に指名されたのである。

それにしても、表7からうかがえるように、第一神風特別攻撃隊の編成・指名が10月20日、敷島隊の最初の出撃は21日である。右の「絶筆」はいつ書いたものだろうか。予科練の場合には、特攻出撃に限らず、事前に「遺書」を書く事——遺書作成の訓練？——がしばしばあったという。「喜んで征って参ります」とは、何を意味しているのだろうか。

「笑って征きます　男ですもの」

遺書

今更改めて書くこともありません。又書けません。

一、不孝者たりしことを御詫び致します。

一、先だつ不孝を御許し下さい。

一、範夫は必ず成功致します。

一、皆様仲良く御元気で御過し下さい。

一、元気で命中に参ります。

父母様に捧ぐ

たらちねの　老の心は　知られども

征かしめ給へ　大和の男子を

不孝者たりし子

笑って征きます　男ですもの　皆さんよろしく　範夫

この遺書は、上原良司と同じ第56振武隊・金子範夫（現諏訪市出身）のものである。第56振武隊は、三式戦闘機・飛燕12機12名で編成された。5月6日午前5時30分に出撃、特攻死した。特攻機の胴体には縦書きで「金子少尉」と白く書かれていたという。

遺書の中に「不孝」という言葉が三か所記されている。天皇への忠義と両親への孝行は両立しない。「必ず成功」「元気で命中」することが「不孝者」の親孝行であった。五日後に出撃した上原の遺書と対照的な印象を受ける。

金子は、特攻出撃前日までの生活を日記に残している。

　明日出撃!!と聞いても心に余り強く反響しない。落着かない、身辺の整理をせんとするも、何処から手をつけて良いのか時間が過ぐるのみだ。もっと無感覚にならなくてはならぬ。

遺書は、知覧特攻平和会館の5番コーナーに、5月5日の日記と婚約者に形見として送った飛行用の白いマフラー半分とともに展示されている。

「我今　御稜威《みいつ》ノ御盾トナラン」

次の遺書は本島桂一のものである。ノートに記された遺書は、身の回り品、軍刀などと一緒に、5月に鉄道便で実家に送られた。

御両親様

桂一長イ間種々御世話ニ成リ厚ク御礼申上ケマス　何一ツ孝ヲナスコトアタハス申訳アリマセン　忠孝一本トカ申シマス　御稜威ノ本多任務ニ邁進致シマス　小官ノ心境何ヲ申上ケルコトモアリマセン　又遺言タル言葉モ持チマセン　人生五〇年トカ申シマスカ　其ノ人生半ニシテ　御稜威ノ本ニヨロコンテ死ンテ行ク者コソ幸福者テアリマス

男ニ生ヲ受ケテ始メテ現在ノ任務ヲ戴ク事カ出来　今基地ヲ出撃スル気持　ヨロコビ此ノ上モアリマセン　今ハ出動命令ヲ待ツノテアリマス　テハ元気テ任務ニツキマス御両親様クレグレモ体御留意ナサレマススヤウ切ニオ祈リ申上ケマス　皇国日本ノ前途ニ光明カ見エテヰマス　我レ行カン沖縄島

兄上様、姉上様

一度御会致シタクアリマシタ　残念至極ニ存シマス　二三年間今日アルヘク生テ参リ

マシタ　男ノ男トシテノ任務ヲ戴キ　小官　ヨロコンテ参リマス　愛翼ニシツカトニ五〇Kノ爆弾ヲカカヘ敵艦ニ体当リヲ敢行致シマス　コレ程愉快ナコトハ二度トナイテシヤウ　メリケン共ノアヘイテヰルノカ眼前ニ見エルヤウテス　愉快愉快

沖縄島　我々ノ手テ引受ケマシタ　御安心下サイ　ルーサンモ死ンタヤウテスネ　サマー見ロテス　神国日本ニ新ラタナル太陽カ輝キ始メマシタ　オ互ニ各職場ニ敢闘敢闘テス　トウソオ体ニ充分御留意サレ末永ク生テ下サイ

元気ニ参リマス　　桂一

人生二三年　我今　御稜威ノ御盾トナラン

遺書の中の「ルーサン」とは、昭和20年4月12日に死亡した第32代米大統領のフランクリン・ローズベルト（ルーズベルト）であろう。

遺書に付されていた略歴では、最初の出撃となった4月12日から16日までは、次のように記されていた。

十二、同月十二日　第二次沖縄総攻撃ノ命下ル　小官地上滑走中　爆弾落下ノタメ離

陸出来ス　隊長ト共ニ出発出来ス実ニ残念至極
　誓ひして心は同じ心にて　おくれし身こそ悲しかりけり
十三、同月十四日　知覧女学校ニ金二〇〇円寄フス　校長感激シ特攻神社ヲ作ル由ニテ　我々ノ方カ　カヘツテ感激セリ
十四、晴ノ出発
昭和二十年四月十六日　午前六時　知覧飛行場ヲ出発（沖縄名護湾ニ向ヒ出発）沖縄着九時頃　敵艦ト見参ノ予定——
大日本帝国万歳　元気テ行カウヨ沖縄島へ敵艦メガケテ体当リ　花ノ都靖国神社枝ノコズヱニ咲ヒテ会ウヨ
至誠　本島

末尾の「至誠　本島」の四文字は血書だったという。金子範夫の遺書と似た内容である。

4月14日の知覧高等女学校への寄付の話は、前田笙子の日記には書かれていない。だが、前田の回想によると、隊長とともに出撃出来なかった12日の夜、本島は前田の家を訪ねたという。

本島は、ちょっとはにかんだような寂しそうな笑顔を見せてから、「これ、おじいさんに」といって、小さな葡萄酒の瓶を差し出した。それから、以前、笙子が本島から医療切符を預かって買ってあげたマフラーを切り裂くと、手早く現金をくるんで、「これは笙子さんの学費に」といって手渡したのである。本来ならもうこの世にいないはずの本島からの思い掛けない贈り物に笙子は戸惑った。

その後、前田は「いまから校長先生のお宅に行きたい」という本島を、提灯に灯をつけて弟と二人で案内する（『特攻の町知覧』）。

校長は、校舎の裏に建造した防空壕の奥に、寄付金をもとに「特攻神社」を作る。前田は防空壕作業を手伝うが、「特攻神社」の由来を知らない。本島が校長宅を訪問した理由と、「特攻神社」の由来を前田が知るのは、昭和30年4月13日――本島の命日の三日前――に本島の実家を訪問し、本島の遺書を初めて読んだ時であった（『特攻の町知覧』）。

「頑児は元気旺盛にて行きます」

目的地に無事着御安心被下度《くだされたく》、この前線基地より寸暇を利して一筆認めます。当地は既に梅花は散り果てゝ、山吹、あけび、薔薇の花等今を盛りと咲き乱れ野趣に富み、故里を思い出させます。それにつけても先日出発の時、父上に見送らしあ《ママ》の劇的「シーン」を思ひ出しては、胸の切々とこみ上げて来るのを覚へ、男泣きに泣き度い衝動にかられますが、グット押へて頑児は断々呼として征きます。今はただ出動命令を待つのみです。家中の皆々様、何卒頑児の成功を神かけて御祈り下さい。青空高く白雲瞠々と湧出ずる南方の空をあふきみて、頑児は何時もそこに　莞爾と微笑んでゐるとお思ひ下さい、御祖母様始め御両親様弟妹　御元気にて御暮らしの程を。頑児は元気旺盛にて行きます。では左様奈良。

四月十六日

由井勲

御両親様

第3筑波隊として出撃、特攻死した由井勲の遺書である。

由井が、姉が縫った白いマフラーを首に巻き、マスコット人形を愛機につけて鹿屋特攻基地から出撃したのは4月16日午後12時10分（突入は午後1時30分）であるから、出撃直前「寸暇を利して」認めたものと思われる。遺書は、郵便ではなく、「遺骨」として両親宅に届けられた（図29）。

昭和18年4月に徴兵検査を受け（甲種合格）、9月に長野師範学校（現信州大学）を繰り上げ卒業した由井は、国民学校訓導の道ではなく、海軍予備学生を志願した。受験の際、「海軍では陸軍・海軍両方を志願している者は望んでいない」と検査官から言われた由井は、「国のお役に立ちたいという熱情から志願した。国を救うのに海軍も陸軍もあるのか」と席を立ち一礼して部屋を出ようとしたというエピソードが残されている。10月、第13期海軍予備学生として土浦海軍航空隊に入隊、戦闘機操縦学生の道を歩む。この時、海軍予備学生を志願した長師生は6名であった。

図29　遺骨を入れる白木の箱に収められて遺族に届けられた由井の遺書の封筒（鹿屋航空基地史料館展示）

4月5日、川上村に帰省した時、由井は「『神雷特別攻撃隊第六《ママ》筑波隊員』として、四月下旬には沖縄の決戦場へ出撃するんだ、体当たりの時には真っ直ぐ突っ込みたいものだ」と友人たちに述べたという。沖縄戦が始まって5日、特攻出撃の時期を公言できるほど、特攻が日常化・常態化していたことがうかがえる。遺書にある「あの劇的「シーン」」とは、出撃予定の電報を受け筑波空に向かった父親が、隊門から自転車の荷台に乗って、離陸直前の由井と面会することができたことを指す。

遺書の文面から、実直な由井の人柄がうかがえる。出撃にあたり由井は、兄に次のような手紙を送った。

いよいよ来るべきもの来たれり、我元気に行く、何も云う事なし、願くば敵空母に真さかさまに体当たりせんことを、神かけて祈っております。お元気にて御奉公の程を。

兄上様　勲

（『翔忠鷲功』）。

スキー板

由井と同じく筑波隊だった森史郎は、出撃前の昭和20年3月下旬、豊郷村（現野沢温泉村）に帰省、毛無山《けなしやま》裾野でスキーを楽しみ、「ああ満足した」と言い残して帰隊した。

森は、飯山中学校（現飯山高校）在学中の昭和15年2月、明治神宮国民体育大会（飛翔少年組）で優勝、明治大学に進学した翌年の大会も連覇し、オリンピック出場候補選手に選ばれた。だが、冬季オリンピックは、昭和15年に予定されていた札幌大会に続き、昭和19年のイタリア大会も中止となり、森自身も、学徒出陣により、海軍飛行予備学生（14期）としての道を歩むことになる。5月11日、第5筑波隊として出撃、特攻死する。

「魁大空　昭和十八年十二月六日　出陣を前に　史郎」と書かれた、折れたジャンプ用スキー板の先端は、海上自衛隊鹿屋航空基地史料館に展示されている（図30）。森はどのような想いで「魁大空」と書いたのだろうか。

また、「征空万里　新緑萌ゆる南の基地ニテ　海軍少尉　森史郎」と寄せ書きした第5筑波隊隊長のマフラーは、靖国神社遊就館に展示されている。

図30　森史郎のスキー板（鹿屋航空基地史料館展示）

バットとボール

知覧特攻平和記念館の28番コーナーに、第165振武隊・渡辺静の遺品が展示されている。戦後、遺族が「思ひ出　静　昭和20年5月30日ヨリ6月4日マデ八日市飛行場ヨリノ遺品」と表紙に筆書きして装丁した〝日記〟のコピー、最後の手紙・父への手紙（コピー）、朝日軍時代のバット、写真とマスコット人形などである。

図31は、「野球生活　八年間　わが心　鍛へくれにし　野球かな　日本野球団　朝日軍渡辺静」と書かれた〝日記〟の一ページである。

北佐久郡協和村（現佐久市）出身で、小諸商業学校（現小諸商業高校）野球部の中軸打者として活躍した渡辺は、大阪専門学校（現近畿大学）に在籍しながら職業（プロ）野球団の朝日軍に入団するが、公式戦は二度の代打出場に終わる。昭和18年10月、学徒出陣により金沢東部第49部隊に入営、翌昭和19年2月、特操（第2期）に合格。3月6日、特別攻撃隊を「志願」、5月5日、明野教導飛行師団（現伊勢市）で編成された第165振武隊員となる。隊員はいずれも特操2期生で、うち一人は上水内郡小川村出身で上田蚕糸専門学校（現信州大学繊維学部）から学徒出陣した和田照次であった。

5月16日、静は帰省した。常陸教導飛行師団で受け取る予定だった特攻機が一機不足し

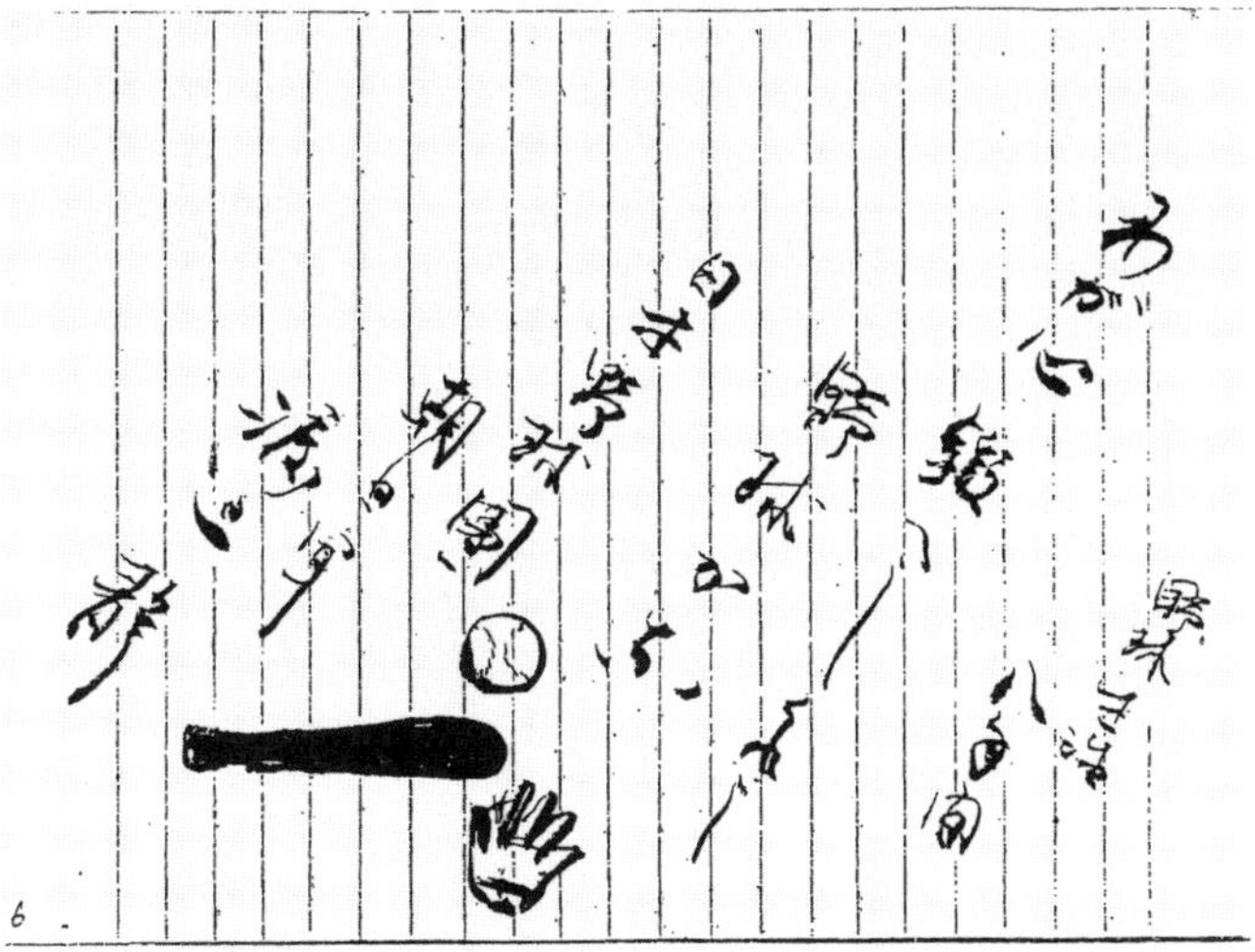

図 31　渡辺静『日記』(遺族所蔵)

たため、抽選で漏れた静が、明野教導飛行師団に帰隊する途中に生家に立ち寄ったのである。

　将校の制服に長い軍刀を携えて現れた静は、両親や長兄、帰省していた弟を前に、「自分は、特別攻撃隊として、近日中に出撃します」と述べたという。

　6月4日、出撃命令が下るが、沖縄の天候不良により中止。二日後の6日、午後1時30分、負傷入院中の隊長を除く5名は、三式戦闘機・飛燕に250キロ爆弾を搭載して知覧特攻基地から出撃、全員が沖縄西方海上の敵艦船群に突入、特攻した。享年22。

東京ドーム敷地内に建てられた、第二次世界大戦で戦死した職業（プロ）野球人を慰霊する「鎮魂の碑」には76名（長野県出身者は6名）の名前が刻まれているが、特攻死したものは渡辺と名古屋軍（現中日ドラゴンズ）投手の石丸進一の二人だけである。

展示ケースには「野球生活……」のページだけが展示されているため、静の〝遺書〟はこのページと思いがちになるが、〝日記〟にはさまざまな出来事が記されている（コピーの一部は展示棚に所蔵されている）。

最初のページは、「海ゆかば　みづく屍　山征かば草むすかばね　大君の　へにこそしなめ　かへりみはせじ」という「海ゆかば」の歌。「五月三十日　九州にて」と題した次のページには両親の名前。次のページには、郷里の協和村（現佐久市）の地図をはじめ、生地の集落の13戸の家、国民学校への道路から神社、集落、蓼科《たてしな》山、麓の協和牧場までが万年筆で細かく記されている。

だが、次のページには「忠孝一本　一機一艦　体当り　轟沈」という太い筆書きと「いざ征かん　雨も風をも　乗越えて　吾沖縄の玉と砕けん」という辞世の歌が認められており、「野球生活……」のページはその次であるという。さらに「特別攻撃隊本領」「飛行時

間　機首（機種の誤り）」などが認められている。

6月2日には、「鉛筆と真　団結鉄石」の題で、「必勝鉛筆」の絵が描かれたのち、次の文章が記されている。

鉛筆と真　現在に於ける特攻隊は　鉛筆で言と真の如し
銃後国民は　鉛筆の木の如し
木と真がお互に助け合つてこそ　鉛筆としての任務を果すのである

特攻隊は鉛筆の芯（真）で、国民は芯を包む木である。勝利は、前線の特攻隊と銃後の国民が一体となつてはじめて実現する。野球の勝利（プレーヤーと観衆）にも通じるものがある。

いよいよ出撃である。「体当り　精神力」の絵（図32）、第165振武隊員5名の寄せ書き（「若桜　笑って　沖縄の決戦場で死のう　陸軍少イ　渡辺静」）のあと、両親への遺書が記される。

父さん母さん、小さい時より種々御世話になり、商業学校、専門学校を出してもらい、静は厚く〳〵御礼申上ます。今日になつたのも皆父上、母上のお陰と遠くより感謝しております。静もきつと〳〵確りやつて見せます。父上母上も充分お体を大切に

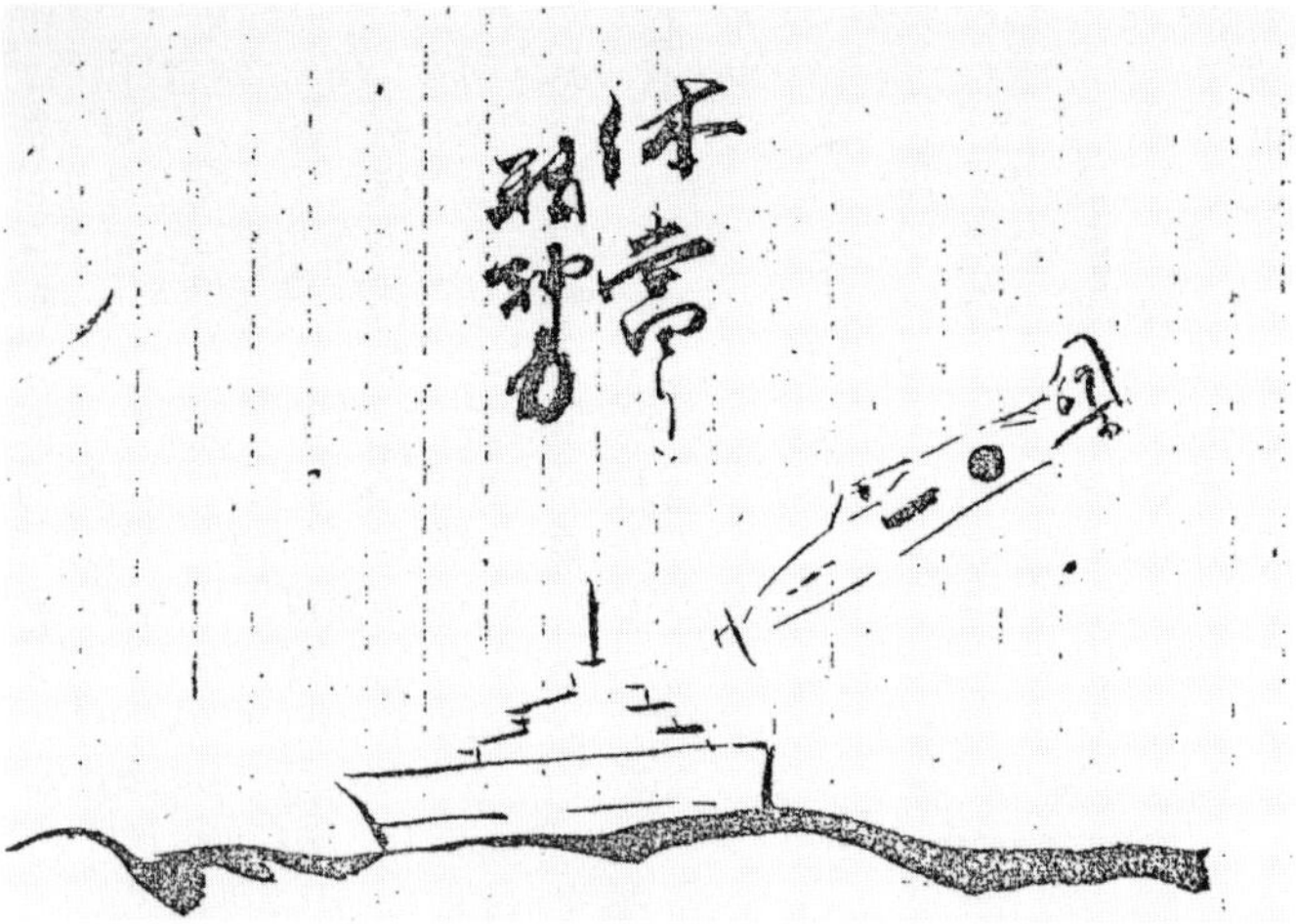

図32　渡辺静『日記』（遺族所蔵）

して下さい。忠良を宜しくおたのみ致します。六月三日夜　静より

父上　母上様

しかし、6月4日の出撃は沖縄の天候不良により中止となる。「愈々《いよいよ》、出発と言ふ時に天候（沖縄）不良の為中止。一六時三〇分、あゝ、今頃は敵の中につつこんで居る時だ。今日も命が生き延びたか、此の世の中に居る日、死がにぶる、心が残る。一日も早く沖縄へ参りたい」と書いている。「一日も早く沖縄へ参りたい」という「想い」が実現するのは二日後である（図33）。

〝日記〟は、「報国の決意と覚悟、そして親友との固い契り。さらに肉親への思

日新聞　明治廿五年三月十五日第三種郵便物認可

神鷲とともに天翔る
振武特攻隊沖縄へ首途

梅雨もよひの重い雲が切れて久しぶりに青空が訪れた六日、振武特攻隊は[illegible]基地を発進、沖縄の敵艦船群めがけて突入していつた、私は村山曹長機に同乗、祖国の運命を担つて必殺必沈の翼を[illegible]つて沖縄へ飛ぶ神鷲たちとともに〇キロの海上を飛んだ、この写真はそのときのものである、整然と編隊を組んで南へ飛ぶ一番機枝少尉、二番機中川少尉、三番機渡辺少尉、四番機和田少尉、五番機杉本少尉六番機川路少尉の特操出身ばかりからなる天剣隊の神鷲たちである【[illegible]報道班員（朝日特派員）文ならびに撮影】

図 33　6 月 12 日付『信濃毎日新聞』。第 165 振武隊出撃（6 月 6 日）の様子は報道班員（朝日特派員）によって報道された。1 番機（枝幹二）から 5 番機（杉本明）が第 165 振武隊。渡辺静は三番機。6 番機の川路晃は第 56 振武隊で、搭乗機の故障により帰還。「天剣隊」は同日出撃した第 113 振武隊の誤り。

慕と限りない望郷の念」など思いつくまま心の中を吐露して終わっているという。こうした〝遺書〟も存在するのである（『白球にかけた青春　陸軍特攻隊員　渡辺静』）。

上官あての所感

海上自衛隊鹿屋航空基地史料館には、機上作業練習機である白菊に搭乗して出撃した神風特別攻撃隊徳島白菊隊員の残した46名の所感が展示されている。この所感は特攻出撃にあたり、その心境を綴れとの上官による課題命令への答申という。宛先は家族ではなく上官であり、自分の意志によるものではなく、命令による強制の所感であった。

昭和二十年五月十八日　海軍上等飛行兵曹　高野利雄

出撃ニ際シ所感

出撃ニ際シ特ニ感ズル所ナシ　只自己ノ本分ヲ遂行シ初《ママ》期ノ目的達成ヲ念ズルノミ

一、六度散リ七度咲きて　醜敵伐　撃ちてし止まん　大君の為

一、神鷲は御国の護り　空遠く　敵を索《もと》めて　今ぞ征かまし（終）

この所感は、5月24日、第1次白菊隊として、5歳下の予科練出身者（甲飛12期）とともに出撃した、東筑摩郡入山辺村（現松本市）出身の高野利雄の所感である。高野は国鉄

に勤めながら通った夜間商業学校を卒業後、横須賀海兵団に入団、昭和16年10月31日に予科練入隊（丙種7期）という経歴をもつ。

　第1次白菊隊28名（14機）が発表されたのは24日の朝。出撃の時間が近づくと隊員は、暗闇の中でも目が見えるという「暗視ホルモン」を注射されたという。午後8時50分、1機ずつ離陸。通常、特攻機搭乗員は電信機で攻撃目標への突入を伝え、軍はそれをもとに戦果を判定するが、無線を積んでいた白菊は3機のみであった。隊員の命よりも無線の方が大切にされ、隊員の多くは自らの命と引き換えに得た戦果を伝えるすべさえ奪われていたのである。14機のうち3機が故障で引き返し、2機が不時着。特攻死した18名のうち12名が予科練出身者であった。

　所感の日付は18日。串良に進出する前、徳島海軍航空隊で書いたものと思われる。「自己ノ本分ヲ遂行シ初期《ママ》ノ目的達成ヲ念ズルノミ」という一行に想いが込められている。

　次に掲げる所感は、5月27日、海軍記念日の朝出撃した第2次白菊隊員帯川文男（乙特飛1期、現諏訪市出身）のものである（図34）。乙特飛1期生は、昭和18年4月入隊の乙種のなかから選ばれ、5か月で操縦技術をたたきこまれた、まさに特攻に間に合わせるために養成されたような者たちであった。１５８５名が入隊し８０２名が戦死している。

第十一分隊海軍二等飛行兵曹　帯川文男

出撃ニ際シ所感

出陣ノ機熟ス　光栄アル海軍航空部隊ノ一員トシテ驕敵撃滅ニ参加スルヲ得　真ニ幸福ナリ　笑ツテ神州護持ノ大任ヲ完遂シタル先輩ノ後ヲ追ハン　今日迄御世話ニ成リシ整備科員及ビ積極的ニ協力ヲ惜シマザリシ他ノ科員ノ各位ニ対シ御労苦ニ対シ深甚ナル謝意ヲ表ス

以上

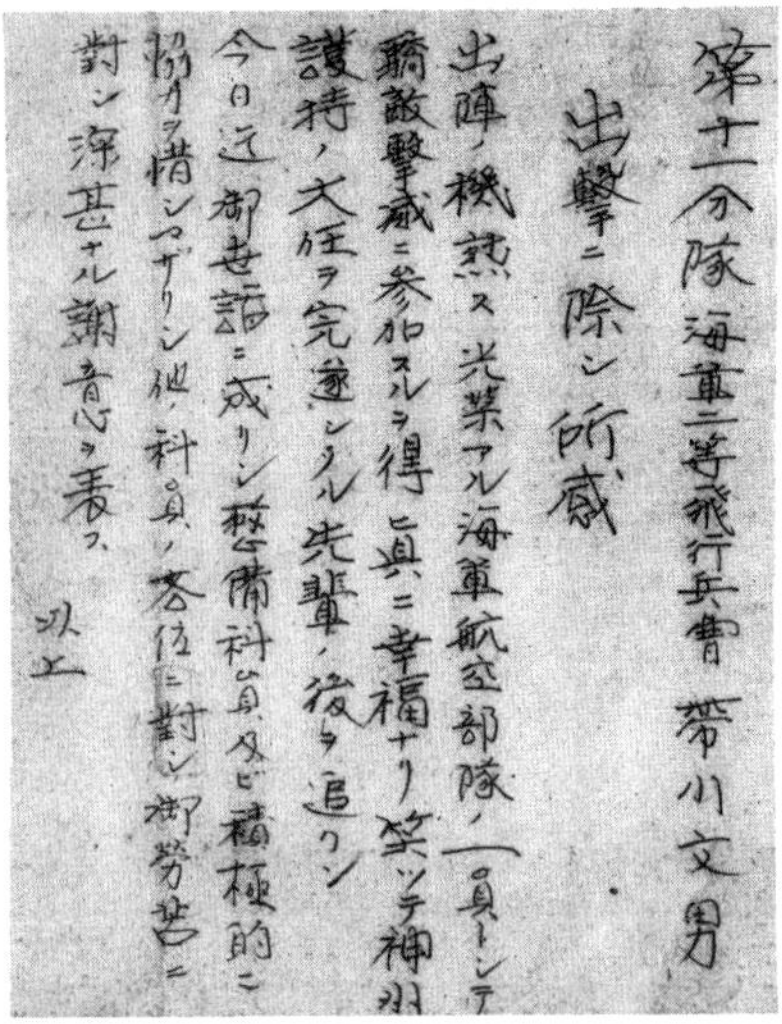

図 34　「帯川文男所感」（鹿屋航空基地史料館展示）

白菊の後室には初めて、銀紙を短冊型に細長く切った「ぎまん紙」の束が積み込まれた。「敵機に追いかけられたとき、ひとつかみずつ撒いて、相手のレーダーをかきみだし、そのすきに逃げるための道具だった」という。午前8時20分、一番機が出撃。13機が離陸したが、天候の悪化により、9時20分出撃中止となる。特攻死は7機14名。

所感の日付は不明である。おそらく串良に進出前のことと思われる。整備科員をはじめとする科員に「深甚ナル謝意ヲ表ス」という一文から帯川の人柄がうかがえる（『海に消えた56人』）。

「特攻は強制ではなく、あくまで志願だ」

第52振武隊として5月11日午前6時22分に知覧から出撃、沖縄洋上で特攻死した、上伊那郡東春近村（現伊那市）出身の下平正人は、常陸教導飛行師団に特攻機を受け取りに来た5月初旬、突然実家に帰省した。下平は、東春近尋常高等小学校を卒業、米屋や農会に勤めたのち、少年飛行兵を志願したという経歴をもつ。

翌日、下平は軍刀と日記を置いて去った。日記の最後のページには、次のように書かれていたという。

特攻は強制ではなく、あくまで志願だ。しかしそう決心するまでは、長い時間がかかった。ようやく覚悟して申し出たら、すっきりした気持ちになれた。

第52振武隊が常陸教導飛行師団で編成されたのは3月29日。出撃までのひと月半の日々を下平はどのような想いで過ごしたのだろうか。

下平は出撃前日、「あした、おかあさんの代りに見送りに来てください」と陸軍指定食堂「富屋食堂」の鳥浜トメに頼み、トメは娘と一緒に下平を見送ったという(『空のかなたに』)。

特攻隊員が「特攻は強制ではなく、あくまで志願だ」と「決心」するまでに過ごした日々。特攻隊員になることを「決心」してから「出撃」するまでに過ごした日々。「決心」から「出撃」までの過程、生から死への道筋のなかで、特攻隊員は特攻をどのように受容し、特攻死をどのように意味づけたのだろうか。

死が生を飲み込む特攻を前に、「憧れの大空こそ、自分たちの死に場所だ」という覚悟で特攻隊員が認めた遺書。我々は遺書の行間に刻印されたこうした葛藤を、正しく読み解くことができるだろうか。

特攻隊の記憶——エピローグ

映画「ホタル」

平成13年、高倉健主演（降旗康男監督）の東映映画「ホタル」が公開された。特攻隊員から母のように慕われた食堂の女主人から頼まれ、特攻で戦死した朝鮮半島出身の隊員（金山）の遺品を、彼と同じ部隊に所属しながら生き残った男（山岡＝高倉）が遺族のもとに届けるという内容である。

モデルとなった金山（光山文博・タクキョンヒョン）は、京都薬学専門学校（現京都薬科大学）を卒業、特操1期生として大刀洗陸軍飛行場知覧分教場に入校。特攻出撃前夜、富屋食堂に姿を現し、店を営む鳥浜トメの前で祖国の民謡「アリラン」を歌い、5月11日午前6時33分、第51振武隊として一式戦闘機・隼で出撃、特攻死した。

一方、映画のタイトルとなった「ホタル」は、「明日ホタルになって帰って来る」と鳥浜トメに言って出撃、翌日一匹のホタルが富屋食堂の表戸から入って天井の梁にとまったという若き特攻兵（6月6日、第104振武隊として九九式襲撃機にて知覧から出撃、20歳で特攻死した宮川三郎）の実話にちなむ。

映画が公開された時に70歳だった高倉は、14歳だった昭和20年正月に母に連れられ、予科練を志望して三重海軍航空隊奈良分遣隊に入隊していた4歳上の兄に会いに行ったという。一緒に志願した友人の母親とともに天理市の宿舎を訪ね、面会を申し出るが拒否される。

僕たちは悄然とその場に立ち尽くしていた。すると突然、班長という人が現れ、「今、福本と小田をここに呼んで叱ります。お母さんたちはそれを見て、我慢してください」と、室内に招いてくれた。僕たちは部屋の隅に正座して待たされた。しばらくして、福本さんと兄がこわばった表情で入って来た。班長は二人の名前を大声で呼び、部屋の隅を見るように目で合図した。兄は僕たちに気づき驚いたようだったが、すぐもとの緊張した顔に戻った。母は兄をじっと見つめ目頭を拭った（『少年時代』）。

映画は、こうした体験をもち、「特攻の母」と慕われた鳥浜トメのドキュメンタリーを見た高倉が自ら提案した。

映画では、「検閲のある遺書に本当のことが書けるか」という金山のせりふや、「金山が日本帝国のために神風で死ぬなんてことはあり得ない」という遺族に対し、山岡が「金山の遺言だけは伝えたい」と申し出て、出撃前夜に金山と歌った「アリラン」を歌い、涙をこぼすシーンがある。このシーンに関して降旗は、「金山少尉が特攻に出る前に残した言葉を山岡が韓国の遺族に伝える。それも金山の言葉を伝えるというだけではなく、山岡が自分の気持ちも言葉で伝えられたらいいという想いを込めて撮りました」と述べている（『正論』２００１年８月号）。

映画公開と同じ年、高倉・降旗ら、映画「ホタル」関係者14名は、知覧特攻平和会館入口手前に、「ホタル」と刻まれた石碑を建立した。裏面には、「燃えつきず　立ち寄る家の今ありやなしや　ホタルよ　ここでやすんで下さい」と刻まれている。

特攻出撃後、「立ち寄る家」は特攻出撃基地となった知覧とは限らない。特攻隊員が、特攻隊員となるまでに、生まれ育ち生活した故郷の家もまた、「立ち寄る家」となったのではないだろうか。

降旗康雄と特攻隊

映画製作にあたり高倉らとともに知覧特攻平和会館を訪れた降旗は、昭和20年春の体験を思い出す。

平和会館にある特攻隊員の遺影を見て驚いたんですが、僕は終戦の年に故郷の長野・浅間温泉でその特攻隊員の方々に直接会っているんです。その時僕は十歳で、顔などはっきり覚えていませんが、缶詰やお菓子をごちそうになりながら色々なお話をしました。隊員の人は「この戦争はもう負けだ。だからお前は決して少年航空兵などに志願しちゃいけない。大きくなったら科学者か外交官になれ」と僕に言いました」(『正論』2001年8月号)。

降旗に話した特攻隊——「家の隣の旅館に泊まっていた兵隊さん」という——は、昭和20年2月11日に満州国新京飛行場で編成された誠第31飛行隊(武揚隊)、あるいは誠第32飛行隊(武剋隊)と思われる。この部隊は、台北に司令部がある第八飛行師団に所属、特攻機爆装と特攻訓練のため、2月20日、陸軍松本飛行場(現松本空港)に到着、約一カ月間、浅間温泉に滞在した。

浅間温泉は東京都世田谷区国民学校の疎開学童2570名ほどを受け入れており、武揚隊・武剋隊の宿舎となった旅館では特攻隊員と疎開学童との交流が生まれた。千代の湯旅館に疎開し、「武器の代わりに鉛筆をもって闘え」と指導された代沢国民学校(現世田谷区立代沢小学校)学童と武剋隊との交流の様子は、『週刊少国民』第3巻第49号(昭和19年12月10日発行)に「兵隊さんと大の仲良し　浅間温泉ですべてが軍隊式」、第4巻第10号(昭和20年5月6日発行)に「神鷲と鉛筆部隊」として紹介されている。(図35)

一方、武揚隊の宿舎となった富貴之湯には、東大原国民学校(現世田谷区立下北沢小学

神鷲と鉛筆部隊

疎開學寮になつてゐる千代の湯に來た兵隊さんと學童は、たちまち仲よしになりました。

ここは東京都世田谷區代澤《だいざは》國民學校の疎開學寮です。四月一日の夜、ラジオの少國民のシンブンに聞き入つてゐた學童たちは、「アッ」と思はず聲を立てました。それは、驚きとも喜びともつかぬ、強い感激《かんげき》の響《ひび》きでした。

『沖縄《おきなは》の慶良間《けらま》列島沖の敵機動部隊に突入し、十機で敵の大型艦船十隻を撃沈破したわが特別攻撃隊の戰果については、三月二十七日に大本營から發表されましたが、これは陸軍特別攻撃隊武剋《ぶこく》隊十勇士のお手柄で、勇士のお名前は廣森《ひろもり》達郎大尉、林一満少尉、……』

と次々に讀みあげられる勇士の尊い名前の中に、學童たちは『出戸《でと》榮吉軍曹、今西修軍曹、島田貫《くわん》三郎軍曹、今野《こんの》勝郎軍曹、大平定雄伍長、……』の五つの名前を聞いたとき、思はずもひそかな叫びをあげ、そして次の瞬《しゆん》間《かん》には體中がカーッと熱くなつたのでした。

「やつた、やつた。あの兵隊さんたちがやつたのだ。先生！ 先生！」

四、五人の學童が柳内《やない》先生のお部屋へ駈《か》けこみました。ラジオはつづいて〝お友だちのお便り〟を放送してゐますが、學童たちはもうそれさへ耳に入らない様子です。女子までが躍《をど》るやうな手つきで何事か聲高に語りあつてゐるのです。ラジオの前に居合はせた數十名の學童たちの心は、殘りなくある一つの思出に集中されてゐました。一つの思出、それはつい數日前までの生々《なま》しい、そして何にもまして強い思ひ出だつたのです。

ー　ー

それは一月ほど前、まだ山の北側には雪が殘つてゐる二月の末のある日、疎開學寮になつてゐるとの千代の湯へ六人の兵隊さんが宿泊しました。一人

図 35　「神鷲と鉛筆部隊」（『週刊少国民』第 4 巻第 10 号、5 月 6 日）。左の頁には、「武剋隊の勇士から疎開学童におくられた寄せ書き」が掲載されている。特攻の放送を聞いた翌日、「寄せ書き」を神棚に供え「勇士たちの面影を偲んでいるところ」へ、出撃直前に基地から投函された武剋隊員の「訣別の手紙」が学寮に届いたという。

校）女子児童が疎開していた。富貴之湯でも疎開児童と特攻隊員の間で心温まる交流が行われていた。3月に開かれた壮行会で、武揚隊員は次のような歌を歌ったという。

一　広い飛行場に黄昏《たそが》れ迫る　今日の飛行も無事済んで
　　塵《ちり》にまみれた飛行服脱げば　かわいい皆さんのお人形
二　明日はお発ちか松本飛行場　さあっと飛び立つ我が愛機
　　かわいいみなさんの人形乗せて　わたしゃ行きます○○へ
三　世界平和が来ましたならば　いとしなつかし日の本へ
　　帰りゃまっさき浅間をめがけ　わたしゃ行きます富貴の湯へ

都会育ちの女子児童を前に、「かわいいみなさんの人形乗せて」行きたいと歌っている。出撃前に特攻隊員が認めた遺書には、「御盾となって散る」「敵艦屠《ほふ》らん」などの決意が書かれている。しかし、この歌詞には勇躍する言葉はなく、個別の愛情がほとばしり、「世界平和」にも言及している。

前田笙子からマスコット人形二体を贈られた本島桂一、マスコット人形を愛機につけて出撃した由井勲、知覧特攻平和会館にマスコット人形が展示されている渡辺静に象徴されるようにマスコット人形を愛機に吊るして出撃した特攻隊員は数多くいた。なかには大き

図 36　振袖人形を抱いて勇躍出撃の特攻隊勇士（『写真週報』第368号、昭和20年4月25日）

な日本人形を乗せて出撃する特攻隊員もいた（図36）。

東大原国民学校女子児童や富貴之湯に慰問に訪れた近隣の国民学校児童が作り、武揚隊員に贈った人形は、「小さな座布団を作ってそこに女の子がお座りしている」もので、「糸がついていてつり下げられるようになって」いたという。

人形を乗せての出撃は、武揚隊だけでなく、武剋隊でも見られたようだ。3月27日、全機改修を待たずに沖縄から出撃した武剋隊先発隊9機の操縦席には、目之湯旅館に疎開していた駒繋《こまつなぎ》国民学校（現世田谷区立駒繋小学校）女子児童から贈られた人形が吊るされていたという（『改訂新版　鉛筆部隊と特攻隊――近代戦争史哀話』）。

降旗に「お前は決して少年航空兵などに志願しちゃいけない」と話したのは、武揚隊、武剋隊どちらの隊員であるかは定かではない。だが、「この戦争はもう負けだ」と言い残した特攻隊員のうち、武剋隊は先発隊9名が3月27日、後発隊6名が4月3日に出撃、全員が特攻死した。一方、15名の武揚隊の出撃は遅れ、5月13日・17日、7月19日の3回計6名が出撃・特攻死したが、残りの隊員の記録は不明である。

「少年航空兵などに志願しちゃいけない」

降旗によると、「少年航空兵などに志願しちゃいけない」という言葉は、担任からも言われたという。

特攻隊の人たちに「この戦争はもう負けだ」と言われる半年くらい前に、サイパン島で日本軍が玉砕したニュースが入りました。その時に担任の先生が授業が終わったあと、教室に僕一人を呼び出しましてね。僕はガキ大将というか、ハネあがり者で目立っていたからだと思うんですが、「サイパン島が陥落したからには、日本は爆撃される。もう、いつ負けてもおかしくない。だから絶対に少年航空兵には志願するな」と言われました。

徴兵による教員不足で僕の担任は僧職から臨時教員になった人だったから、こんなことを言えたんだと思うんです。当時はこんなことを言っていることを人に知られたら大騒ぎになって命が危うくなるようなことだったと思います。

なんで先生がそんなことを言ったのかはあとで分かったのですが、僕の上級生で少年航空兵に志願した人がいて、その担任も先生が務めていたんですよ。その上級生は学年をリードしていた秀才少年だったらしく、神風特攻隊で亡くなったらしいんです。

先生はその上級生が特攻に志願したことを黙って見ていなければいけなかったことが無念だったんでしょうね

　つまり僕は担任の先生に「志願するな」と言われて、さらに特攻隊員の人たちにも同じことを言われた（『正論』２００１年８月号）。

降旗の語りは正確ではないと思われる。なぜなら、降旗の上級生で「神風特攻隊で亡くなった」者は確認できないからである。

しかし、神風特別攻撃隊が編成された昭和19年10月以降、民衆は特攻を賛美し、学童は特攻に憧れ、数多くの少年たちが陸海軍飛行兵を志願する「国民的な現象」のなか、しかもサイパン島が陥落した昭和19年7月の時点で、その後の命運を予測し、「絶対に少年航空兵には志願するな」と諭した教員がいたという降旗の記憶の意味は大きい。

「こんなことを言えた」数少ない、間違いなく「非国民」とみなされたであろう教員も存在したのである。彼らは、その後常態化する航空特攻とそれを賛美する「国民」を、どのような想いで見つめていたのだろうか。

あとがき

善光寺境内、日本忠霊殿（善光寺史料館）の横に『神風特別攻撃隊之碑』がある。長野県神風特別攻撃隊遺族会が、昭和36年に建立した石碑である。石碑の右側には、昭和38年に建立された『長野県神風特別攻撃隊員銘碑』が併置されている。『隊員銘碑』に刻まれている特攻戦死者は92名、そのうち航空特攻による戦死者は85名を数える。「長野県甲飛会」（甲種予科練出身者）が毎年8月に行っていた慰霊祭は、会員の高齢化により会が解散した平成27年を最後に行われていないが、慰霊碑に花を供え、手向ける方々は現在もおられるという。

一方、松本市の長野県護国神社境内には、『長野県特攻勇士の像』がある。『長野県特攻勇士の像』が長野県護国神社へ奉納された日にちなみ、毎年10月10日に「特攻勇士の像慰霊祭」が行われている。九回目となった今年の慰霊祭は、遺族会・隊友会・奉賛会関係者9名が参列して厳粛に行われた。護国神社参拝の方々が、関係者が祭壇に玉串を供える様子を遠くから見ている光景が印象的であった。

本書は、『神風特別攻撃隊之碑』や『長野県特攻勇士の像』に歴史と記憶が刻印された「長野県特攻勇士」に幾ばくかの光を当て、特攻隊員の生きざまに加え、特攻隊を賛美したメディアや人びとの姿を照らし出すことを試みたものである。

初校ゲラの校正中に貴重な出会いを体験した。

一つは、渡辺静の『日記』を閲覧する機会に恵まれたことである。静の甥、中島正直が出版した名著『白球にかけた青春　陸軍特攻隊員　渡辺静』のなかで、断片的に紹介されている『日記』である。私は長いこと、知覧特攻平和会館に展示されている「野球生活八年間……」という文章だけが、渡辺静の「遺書」だと思い込んでいた。そして、職業野球人で特攻死した静にとって、「八年間」の「野球生活」こそが「生きた証」であったと、今から思うと短絡的に考えていた。

しかし『日記』をひもとくと、執筆期間は5月30日から特攻出撃直前のわずか一週間にもかかわらず、苦しみながら特攻を受け入れ、出撃する覚悟だけでなく、出撃を控えて揺れ動く心境や故郷・両親・兄弟への想いが詳細に書かれていることを確認することができた。父母をはじめ兄姉弟の住所が書かれている「五月三十日　九州にて」のページでは、静の住所は「沖縄」となっている。「特攻隊本領」のページでは、「と号部隊ノ本領ハ生死

ヲ超越シ　真ニ捨身必殺ノ精神ト卓抜ナル戦技トヲ以テ独特ノ戦斗威力ヲ遺憾ナク発揮シ航行又ハ泊地ニ於ケル敵艦船艇ニ驀進《ばくしん》衝突シ之ヲ必沈シテ敵ノ企図ヲ覆滅シ全軍戦捷ノ途ヲ拓クニ在リ　而シテ本攻撃成功ノ根基ハ実ニ空中勤務者ノ精神力ニ存ス」と書かれている。そして、愛機である三式戦闘機・飛燕に関しては、「三式戦（飛燕）に乗りて望月《もちづき》に行こうとすれば、一分あれば望月迄行ってこれます。ほんとうに目の廻る程早いのです。大空に道はありません。（真）一直線、野の山も超えて飛びます。私の乗っている飛燕は、いかなる優秀な米英の戦斗機にも負けません」と、特攻に対する「決意」と「自信」が記されている。文中の望月とは、静の生誕地協和村土林に近い中山道の宿場町である望月宿のことを指すものと思われる。

二つは、奥原英孝の遺族の方と奥原の書簡・手紙との出会いである。10月7日付『信濃毎日新聞』第二社会面に「消された　信州出身特攻隊員」という見出しを掲げた記事が掲載された。この記事は、私が奥原の出身地を探していることに関心を抱かれた井口賢太記者による、「伊那市出身専門家　考察へ情報求む」と、奥原に関する情報を求めるものであった。その日の夜、情報連絡先とした拙宅に「私は奥原英孝の甥です」と、英孝の長兄昌隆の息子である俊彦さんから電話があり、奥原の出身地が安曇村島々《しましま》（現松本市）であることが判明した。早速、「特攻勇士の像慰霊祭」を見学する予定であった10日、井口記者とともに松本市で俊彦さんとお会いした。俊彦さんは、英孝が「姉さん」と慕った俊彦さんの母親が大切に保管されていた、父親宛の書簡三通と軍事郵便（葉書）、数枚の写真を持参された。

一通目の書簡は、昭和19年10月初め、両親・長兄・妹との鉾田での面会に対する礼状である。「久し振りに家庭的の気分を充分味はひ非常にうれしかつたです」と書かれている。

二通目は、「さて突然ですが遂に〇〇する事に成りました　あまりにも急なのでどうする事も出来ません　此の手紙が着く頃には目的地に居ります」「俊彦坊やの顔も見ないのが残念です」「どうか皆様元気で居て下さい　何時の日にか又必ず会ふ事が出来ると思ひます」「元気で行きます　心配無用　十月二十二日」などと記されたもので、住所は「鉾田陸軍飛行部隊　今津隊　奥原英孝」とある。岩本益臣隊長以下24名がフィリピンの第四航空軍配属を命じられたのは10月21日、翌22日に一行は鉾田を発ち、立川、各務原《かかみがはら》を経て福岡の雁ノ巣飛行場へ向かう。日付から文中の「〇〇」は「特攻」ではなく、フィリピンへの「出発」「出征」「派遣」を意味するものと思われる。

三通目は、同じ22日に経由地の立川の旅館で書かれたものである。「〇〇の為、只今立川に居ります。あまりにも〇〇が急でしたので　家へ帰る事も何も出来ず誠に残念です。まあ此れも仕方が有りません　行く所は　光丸の行つて居る所です　何時又家に帰る事が出来るか全然解かりません　手紙は出来る丈書きますが　其れでも御無沙汰する方が多いだろうと思ひます　まああまり心配しないで下さい　自分も身体に気を付けて大いに頑張ります　家でも其のつもりで居て下さい　自分は神様の御加護に依り必ず又、家へも無事帰る事が出来ると信じてます　どうか其のつもりで武運長久を祈つて下さい」などと記されている。奥原ら下士官が九九双軽を受領し、岩本から「特殊任務」を伝えられるのは各務原であることを勘案すると。文中の「〇〇」も「特攻」ではないと思われる。また、「光丸」とは幼馴染の「上條光丸」で、『安曇村誌』第三巻（歴史下）には、「慰霊碑」をもとに昭和19年12月7日「戦没」と記載されている。

軍事郵便（葉書）は、「比島派遣威一五三〇〇部隊　万朶隊　奥原英孝」として出されたものである。「十一月も半ばを過ぎ島々も大部寒い事でせう」という文面から、特攻出撃が迫った時期に書かれたものであるが、文中には「特攻」の文字はもちろんのこと、「〇〇」という表記もない。だが、「四日の新聞を家でも見られた事でせう」「敵米必殺せんと大いに張切つて居ります」という文面は、「特攻出撃」を滲ませたものとなっている。

渡辺静『日記』原本や奥原英孝の書簡・手紙を読んで、二人に限らず特攻隊員が残した〝すべて〟の遺書・手紙・日記・絶筆などを、彼らの内面に寄り添いながら丁寧に読み解くことの重要性を改めて感じた。

特攻隊に関する刊行物は多く、特攻隊員の死は祖国を護った「崇高な犠牲」か、それとも「統率の外道」で犠牲となった「犬死に」だったのか。特攻隊は「誇るべき」存在か、それとも「批判すべき」存在かなどが、ナショナリズムと絡めながら論じられている。こうした「特攻論」を語る前に、特攻を生み出した時代社会を考え、なぜ彼らが特攻に向かわざるを得なかったのかを問いながら、隊員一人ひとりや家族・恋人などの苦悩に寄り添い、彼らの生と死、さらに家族・遺族の想いを描く「特攻隊伝」こそが、重要ではなかろうか。特攻隊員の数だけ、特攻隊の歴史は存在するからである。

時間の経過とともに「忘却」される一方、時間のなかで「修正」される「特攻の記憶」。

本書は、こうした想い――映画「ホタル」のなかの山岡（高倉）の言葉を借りれば、「俺たちが何にも言わなかったら、金山少尉はどこにもおらんかったことになる」――で執筆したもので、令和5年度「信州横断　昭和・現代史講座」における特別講座「アジア・太平洋戦争下の信州―航空特攻隊となった信州人」（11月2日、八十二別館）と令和6年度八十二文化財団歴史講座「航空特攻隊となった信州人」（8月9日、松本市勤労者福祉センター）で話した内容をまとめたものである。

本書の史料蒐集に際しては、奥原俊彦・加藤拓・田沢直人・羽場恵理子（知覧特攻平和会館）・丸山和子・矢澤靜二・山森正信（鹿屋航空基地史料館）・由井陽介・渡辺和夫の各氏からご協力を賜った。また、出版に際しては、『満州分村の神話　大日向村は、こう描かれた』『満蒙開拓青少年義勇軍物語「鍬の戦士」の素顔』に続き、メディア局出版部・菊池正則氏にお世話になった。

皆さまに心より御礼申し上げます。

２０２４年11月

伊藤純郎

【参考文献】（書籍・論文）

・阿久澤武史『キャンパスの戦争　慶應日吉１９３４－１９４９』慶應義塾大学出版会、二〇二三年
・朝日新聞西部本社編『空のかなたに』葦書房、一九九〇年
・一ノ瀬俊也『特攻隊員の現実』講談社現代新書、二〇二〇年
・伊藤純郎『特攻隊の〈故郷〉霞ヶ浦・筑波山・北浦・鹿島灘』吉川弘文館、二〇一九年
・伊藤純郎『アジア・太平洋戦争を問い直す』清水書院、二〇二三年
・伊藤整『太平洋戦争日記（三）』新潮社、一九八三年
・猪口力平・中島正『太平洋戦記　神風特別攻撃隊』河出書房、一九六七年
・今井健嗣『慟哭の空』光人社ＮＦ文庫、二〇一八年
・今井健嗣『海軍特攻隊の出撃記録』光人社ＮＦ文庫、二〇二一年
・今井健嗣『遺書１４３通』光人社ＮＦ文庫、二〇二三年
・奥宮正武『海軍特別攻撃隊　特攻と日本人』朝日ソノラマ、一九八二年
・大佛次郎『大佛次郎敗戦日記』草思社、一九九五年
・押尾一彦『特別攻撃隊の記録〈海軍編〉』光人社、二〇〇五年
・押尾一彦『特別攻撃隊の記録〈陸軍編〉』光人社、二〇〇五年
・大田尚樹『天皇と特攻隊』講談社、二〇〇九年
・大森淳郎『ラジオと戦争　放送人たちの「報国」』ＮＨＫ出版、二〇二三年
・海軍神雷部隊戦友会編集委員会編『海軍神雷部隊』海軍神雷部隊戦友会、一九九六年
・加藤拓『陸軍航空特別攻撃各部隊総覧　第一巻　突入部隊』二〇一八年

・加藤浩『神雷部隊始末記　人間爆弾「桜花」特攻全記録』学研、二〇〇九年
・金子敏夫『神風特攻の記録』光人社ＮＦ文庫、二〇〇五年
・河内山譲『富嶽隊の十八人』光人社ＮＦ文庫、二〇〇〇年
・鹿屋航空基地史料館連絡協議会発行『魂のさけび―鹿屋航空基地史料館10周年記念誌』二〇〇三年
・きむらけん『改訂新版　鉛筆部隊と特攻隊―近代戦争史哀話』えにし書房、二〇一九年
・清沢洌『暗黒日記　戦争日記１９４２年12月～１９４５年５月』評論社、一九九五年
・栗原俊雄『特攻―戦争と日本人』中公新書、二〇一五年
・鴻上尚史『不死身の特攻兵―軍神はなぜ上官に反抗したか』講談社現代新書、二〇一七年
・甲飛十期生会編『散る桜　残る桜―甲飛十期の記録』非売品、一九七二年
・佐藤早苗『特攻の町・知覧』光人社ＮＦ文庫、二〇〇七年
・航空碑奉賛会編『続　陸軍航空の鎮魂』航空碑奉賛会、一九八二年
・佐藤暢彦『一式陸攻戦史』潮書房光人社、二〇一五年
・島原落穂『海に消えた56人―海軍特攻隊・徳島白菊隊』童心社、一九九〇年
・高岡修編『新編知覧特別攻撃隊』ジャプラン、二〇〇九年
・高木俊朗『特攻基地知覧』角川文庫、一九七三年
・高倉健『少年時代』集英社、二〇一六年
・滝沢久男「山脈を越えて―十九人の人生手帳（第九回生）」（坂城町老人福祉生きがい事業『山脈を越えて』発行委員会編集・発行、二〇〇四年
・多胡吉郎『生命《いのち》の谺《こだま》川端康成と「特攻」』現代書館、二〇二二年
・知覧高女なでしこ会編『群青―知覧特攻基地より』高城書房出版、一九七九年

【参考文献】（書籍・論文）

・知覧特攻慰霊顕彰会編・発行『魂魄の記録―旧陸軍特別攻撃隊　知覧基地』二〇〇四年
・知覧特攻平和会館編集・発行『知覧特攻平和会館紀要』第一号、二〇一九年
・土居良三編『学徒特攻　その生と死―海軍第十四期飛行予備学生の手記』国書刊行会、二〇〇四年
・都倉武之「「特攻隊員・上原良司」の誕生―ある学徒兵を巡る資料とメディア表象―」『慶應義塾大学メディア・コミュニケーション研究所紀要』No.69）、二〇一九年
・特攻隊戦没者慰霊顕彰会編・発行『特別攻撃隊全史』第二版、二〇二〇年
・内藤初穂『極限の特攻機　桜花』中公文庫、一九九九年
・中島正直『白球にかけた青春　陸軍特攻隊員　渡辺静』櫟《いちい》、一九八六年
・西川吉光『特攻と日本人の戦争―許されざる作戦の実相と遺訓』芙蓉書房出版、二〇〇九年
・降旗康男「映画「ホタル」で語り伝えたかったこと」『正論』二〇〇一年八月
・門司親徳『空と海の涯で』毎日新聞社、一九七八年
・モデルアート7月号臨時増刊No.４５１『陸軍特別攻撃隊』モデルアート、一九九五年
・森史朗『敷島隊の五人　海軍大尉関行男の生涯』文春文庫、二〇〇三年
・森本忠夫『特攻』光人社ＮＦ文庫、一九九八年
・矢澤靜二「特攻隊に感動と熱狂の上伊那の子どもたち―何が、誰が、そうさせたのか」『伊那路』第六三巻第八号、二〇一九年八月
・柳田国男「特攻精神をはぐくむ者」『新女苑』第九巻第三号、一九四五年
・吉武登志夫『生き残り特攻隊員の手記　長い日日』非売品、一九九九年

伊藤　純郎（いとう・じゅんろう）

1957年上伊那郡高遠町（現伊那市高遠町）生まれ。筑波大学名誉教授。博士（文学）。『郷土教育運動の研究』（思文閣出版、1998年、増補版、2008年）、『柳田国男と信州地方史「白足袋史学」と「わらじ史学」』（刀水書房、2004年）、『歴史学から歴史教育へ』（NSK出版、2011年）、『満州分村の神話 大日向村は、こう描かれた』（信濃毎日新聞社、2018年）、『特攻隊の〈故郷〉霞ヶ浦・筑波山・北浦・鹿島灘』（吉川弘文館、2019年）、『満蒙開拓青少年義勇軍物語「鍬の戦士」の素顔』（信濃毎日新聞社、2021年）、『アジア・太平洋戦争を問い直す』（清水書院、2023年）など著書多数。『佐久の先人』監修者。

Shinmai Sensho

信毎選書　32

航空特攻隊　空に散った信州人

2024年12月7日　初版発行

著　者　伊藤　純郎
発行所　信濃毎日新聞社
〒380-8546　長野市南県町657
電話 026-236-3377　ファクス 026-236-3096
https://shinmai-books.com
印刷所　大日本法令印刷株式会社

ISBN978-4-7840-7443-3 C0321

定価はカバーに表示してあります。
乱丁・落丁本は送料弊社負担でお取り替えいたします。